Christopher Pfaff

HÜTTENFÜHRER RHÖN

Die 65 schönsten Wanderhütten, Skihütten und Berggasthöfe in der Bayerischen, Hessischen und Thüringischen Rhön

IMPRESSUM

2.überarbeitete Auflage, Mai 2013

Christopher Pfaff, Roßdorf 2013

Herstellung und Verlag:
BoD – Books on Demand, Norderstedt
ISBN 978-3-7322-4098-2

INHALT

Hauptteil

Hüttenführer Rhön

Anhang

Hüttenführer Rhön

Vorwort

Eingerahmt von den Kreis- und Kurstädten Bad Salzungen (Norden), Bad Neustadt und Bad Kissingen (beide Süden) sowie der Theaterstadt Meiningen (Osten) und der Barockstadt Fulda (Westen) liegt das Land der offenen Ferne - die Rhön, eine der schönsten Mittelgebirge Deutschlands. Doch was macht den besonderen Reiz dieser Gegend aus?

In erster Linie ist es sicherlich die einzigartige Natur. Basaltkuppen, die meist vulkanischen Ursprungs sind, prägen die hügelige Landschaft. Auf bequemen Wegen erreicht man über sanfte Anstiege die Gipfel der zwischen 600 und 950 m über NN hoch gelegenen Berge. Von den prachtvollen Bergkuppen und Aussichtstürmen kann man beinahe die ganze Rhön überblicken. Malerische Flusstäler und Bergzüge mit kargen Hängen wechseln sich ab. Aber dem Betrachter zeigen sich auch waldreiche Gebiete, die im Sommer angenehme Frische bieten und das Rückzugsgebiet für die zahlreichen Wildtiere sind. Durch ihren bis heute erhaltenden ländlichen Charakter und der Lage abseits der großen Verkehrsadern und hektischen Metropolen findet man hier vielerorts noch Ruhe und unberührte Natur. Was bietet sich mehr an, als die Erkundung dieser Landschaft mit dem Besuch der zahlreichen Wanderhütten und Berggasthöfe zu verbinden?

Die Entstehung der ersten Wanderhütten und Berggasthöfe reicht bis in das ausgehende 19. Jahrhundert zurück. Die Rhön wurde zu diesem Zeitpunkt erstmals touristisch erschlossen. Motor dieser Bewegung wurde der 1876 gegründete Rhönklub, der es schaffte, die territorial zersplitterte Region der Rhön, in einem Gebirgsverein zu bündeln. Der Großteil der Wanderhütten und Berggasthöfe wird noch heute durch die Zweigvereine betrieben. Bis zum zweiten Weltkrieg erlebte die Wanderbewegung in der Rhön eine Blütezeit, in welcher viele Schutzhütten und Berggasthöfe errichtet wurden. Nach dem

Hüttenführer Rhön

zweiten Weltkrieg ergab sich die bisher gravierendste Trennung. Die Gründung der DDR brachte eine damals unüberwindbare Spaltung der Rhön. Die Gebiete im Nordosten, heute als Thüringische Rhön bekannt, waren fortan für Bürger der Bundesrepublik nicht mehr und selbst für Bürger der DDR aufgrund der Grenznähe kaum noch zugänglich. Während die Hütten der Hessischen und Bayerischen Rhön weiter betrieben wurden und sogar neue entstanden, kam im Nordosten fast alles zum erliegen. Erst mit der Wiedervereinigung wurde auch die Rhön wiedervereinigt. Eine neue Blütezeit begann. Viele alte Hütten wurden renoviert und neue errichtet. Fast 7000 km Wanderwege sind existent, mit dem „Hochrhöner" ist ein herausragender Premiumwanderweg hervorragend markiert. Auch die zahlreichen Skilifte und gespurten Loipen, sowie viele neue Radwege zeugen von der Weiterentwicklung.

Dieser Führer beschreibt über 60 der schönsten Hütten und Gasthöfe, die außerhalb geschlossener Ortschaften, in der Regel in Gipfelnähe, gelegen sind. Vielfalt ist Trumpf. Jeder, ob Spaziergänger, ambitionierter Wanderer, Radfahrer, Biker, Skifahrer oder PKW-Ausflügler findet für ihn passende Lokalitäten. Manche sind klassische Wanderhütten, andere Berggasthöfe mit Hotelkomfort. Auch das Angebot der Speisen reicht vom einfachen Imbiss bis hin zur Gourmetküche. Die Karte am Ende des Buches bietet einen schnellen Überblick zur Lage der Hütten und Berggasthöfe.

Ich hoffe, dass Sie, liebe Leser im Hüttenführer Rhön zahlreiche Anregungen finden, die Schönheit der Landschaft entdecken und die Rhöner Gastfreundlichkeit kennenlernen.

Christopher Pfaff

Hüttenführer Rhön

Legende

Bei **Öffnungszeiten**, die mit Sternchen (*) markiert sind, haben Gruppen die Möglichkeit, auf Anfrage auch außerhalb der angegeben Zeiten zu reservieren

Erreichbarkeit: PKW = Hütte ist per PKW erreichbar

Fußweg = Hütte ist nur zu Fuß oder per Rad erreichbar, dahinter ist der kürzester Weg in km vom nächsten per PKW erreichbaren Parkplatz angegeben

Geodaten: Um sich die Position im Internet oder per Navigationsgerät anzeigen zu lassen, die Daten ohne Grad, Apostrophen und Himmelsrichtungen eingeben: z.B. 50° 38' 19.74" N - 10° 7' 28.56" E als **50 38 19.74 10 7 28.56** eingeben!

Die Platzkapazitäten sind Schätzzahlen.

Art des Speisenangebotes:

Restaurant = Lokalität hat eine Speisekarte mit mehreren warmen und kalten Speisen

Imbiss = die meisten klassischen Wanderhütten sowie Imbissstationen bieten meist Würstchen, belegten Brote und/oder Kaffee und Kuchen an.

Art der Übernachtungsgelegenheit:

Hotel - Diese Berghotels bieten klassischen Hotelkomfort mit mehreren Einzel- und Doppelzimmern, WC/Dusche auf Zimmer, sowie TV.

Pension = diese Lokalitäten sind meist kleiner als die Hotels, die Zimmer sind etwas weniger komfortabel, es gibt Einzel- und Doppelzimmer oder auch Mehrbettzimmer.

Hüttenführer Rhön

Hinweise

Alle Informationen in diesem Führer wurden durch den Autor sorgfältig recherchiert und nach bestem Wissen erstellt. Dennoch müssen wir im Sinne des Produkthaftungsgesetzes darauf aufmerksam machen, dass keine Garantie für die Richtigkeit der Informationen übernommen werden kann. Öffnungszeiten, Preise, Pächter sowie Zufahrtswege oder andere Inhalte können sich kurzfristig ändern und unterliegen daher nicht dem Einflussbereich des Autors. Daher erfolgen alle Angaben ohne jegliche Verpflichtung und Garantie, weder der Autor noch der Verlag übernehmen Haftung für mögliche Ungereimtheiten.

Aufgrund der Kapazitäten und weil viele Hütten und Berggasthöfe als Familienbetriebe geführt werden, ist es ratsam sich die Öffnungszeiten telefonisch bestätigen zu lassen, da kurzfristige Schließungen oder Betriebsferien möglich sind. Auch Besuche größerer Gruppen mit mehr als 6 Personen, sollten telefonisch angemeldet werden.

Sie haben einen Fehler entdeckt, einen Tipp oder eine neue Hütte die unbedingt aufgenommen werden müsste? Der Autor freut sich über Zuschriften und konstruktive Kritik:

pfaff-rhoen@gmx.de

Hüttenführer Rhön

Die Altenbergbaude bei Klings gehört sicherlich zu den am wenigsten bekannten Wanderhütten in der Rhön und das obwohl sie aufgrund ihrer Lage und ihres Charmes zu den gemütlichsten gehört. Die ursprünglich als Skihütte des Skilanglaufvereins konzipierte Hütte, erwarben die Wanderfreunde Klings in den Wendejahren und machten sich an den Ausbau. Südlich von Klings, auf halber Höhe zwischen den Gipfeln Windberg und Pinzler gelegen, hat man von der Anhöhe einen wunderschönen Blick in Richtung Norden zu den

Hüttenführer Rhön

Bergen der Vorderrhön. Der Gläserberg und Baier türmen sich fast majestitisch auf und im Tal liegen die Orte idyllisch am Flusslauf der Felda. Die eingeschossige Hütte mit Giebeldach und umlaufender Veranda besteht aus einem Hauptraum mit knapp 20 Sitzgelegenheiten und einer kleinen Kochnische. Dort bereiten die ehrenamtlich tätigen Mitglieder des Wandervereins an Sonn- und Feiertagen einen kleinen Imbiss, der meist aus Bockwürsten, selbstgebackenem Kuchen und Warmgetränke besteht, zu. Da die Klingser und Kaltennordheimer begeisterte Skilangläufer sind, wird bei entsprechender Schneelage um die Hütte herum ein Rundkurs gespurt. Dann treffen sich auf der Hütte sowohl die Wintersportler als auch die Wanderer und wärmen sich am gemütlichen Kamin der Altenbergbaude.

Anfahrt / Wandermöglichkeiten: Der Ort Klings liegt in der Thüringischen Rhön bei Kaltennordheim. Innerhalb der Ortschaft folgt man der Hauptstraße bis kurz vor den letzten Häusern eine gepflasterte Straße nach links zur Wanderhütte führt. Die Pflasterstraße endet bald und der folgende Feldweg ist nur mit einem geländegängigen KFZ befahrbar. Daher lieber das Auto am Ortsrand stehen lassen und die knapp 2km, über den ausgeschilderten Wanderpfad, der knapp 200m oberhalb des Hauptwanderweges (Markierung „rotes Dreieck") zwischen Kaltennordheim und Klings führt, zur Hütte mäßig ansteigend folgen. Der Hochrhöner führt ca. 500m westlich an der Hütte vorbei.

Nr. / Anschrift :	**(16)** / Am Windberg, bei 36452Klings
Geodaten / Höhenlage:	50° 38' 19.74" N - 10° 7' 28.56" E / 600 m
Tel./Internet:	036966 7441 / -
Öffnungszeiten:	So 13-18 Uhr *
Plätze innen / außen:	20 / 30
Erreichbarkeit / Kategorie:	Fußweg - 2 km / Imbiss

Hüttenführer Rhön

Hüttenführer Rhön

Vor über 150 Jahren taufte der damalige Ortspfarrer von Oepfershausen diese Wüstung, als er ein Wohnhaus für seine Familie errichtete, nach dem Vornamen seiner zweiten Frau Amöne. Dieser heute kaum noch gebräuchliche Vorname lateinischer Herkunft bedeutet angenehm und anmutig. Wenn man an diesem herrlichen Fleck der Rhön am Osthang des Hahnberges steht, wird einem schnell klar warum es kaum einen treffenderen Namen gegeben hätte. Nach mehreren Wechseln der Pächter des Gutshofes, gelang der Amönenhof 1931 in den Besitz von Hugo Gewalt. Dieser baute den Hof anschließend zu einer Schankwirtschaft mit Beherbergungsbetrieb um und empfing fortan Wanderer. Auch nach dem Krieg wurde der Berggasthof weiter betrieben und war somit eines der wenigen zugänglichen Berglokale der Rhön in der DDR. Ab 1968 wurde Gasthof jedoch an den VEB Kalikombinat Merkers verkauft, der den Ämonenhof fortan als Ferienheim für seine Betriebsangehörigen nutzte.

Nach dem Verkauf durch die Treuhand 1991 befindet er sich wieder in Privatbesitz. Durch die Familie Knipping wurden seitdem umfassende Restaurations- und Erweiterungsarbeiten durchgeführt, die zum heutigen Bild des Gasthofes führten. 1998 errichtete der ehemalige Turmuhrenmechaniker Knipping eine acht Meter hohen Turmuhr vor dem Gebäude und stellt im gemütlich rustikalen Gastraum einige historische Turmuhren aus seiner Privatsammlung aus. Sie sind eindrucksvolle Zeitzeugen von Präzessionsmechanik, die im digitalen Zeitalter des 21. Jahrhunderts bedauerlicherweise kaum noch eine Rolle spielen. Selbst die Deckenleuchten sind Repliken von Ziffernblättern. Wanderer, Reiter, Fahrradfahrer oder motorisierte Ausflügler können an diesem herrlichen Fleck rasten, sich erfrischen und auch einfache warme Speisen sowie Snacks und Eis zu sich nehmen. Der Amönenhof bietet zudem Übernachtungsmöglichkeiten, entweder in der Pension oder in eigenständigen Ferienwohnungen.

Hüttenführer Rhön

Direkt neben der Turmuhrenklause befindet sich noch der Berggasthof Amönenhof, der von der Familie Danzeisen geführt wird. Die gemütliche Gaststube kann für Feierlichkeiten angemietet werden und insgesamt 9 Doppelzimmer stehen für Übernachtungen zur Verfügung.

Anfahrt / Wandermöglichkeiten: Oepfershausen ist im Osten der Thüringischen Rhön zwischen Kaltennordheim und Wasungen gelegen. Zu erreichen ist der Berggasthof über eine asphaltierte ca. 2 km lange Straße von der Ortschaft Oepfershausen (aus Friedelshausen kommend ca. 300 m nach dem Ortseingang nach rechts der Beschilderung folgen). Die Auffahrt bietet übrigens herrliche Ausblicke hinüber zum Thüringer Wald. Der Wanderer kann sich aus allen Himmelsrichtungen nähern. Seit einigen Jahren ist der Extratour Premiumrundwanderweg Vorderrhönweg markiert und führt über den Hahnberg, den Hang des Roßberges, den Spielberg und Oepfershausen. Auch eine kombinierte Wanderung zu den benachbarten Gipfeln Umpfen oder Hohe Geba und den dortigen Wanderhütten bietet sich an.

Nr. / Anschrift :	(19) / Am Hahnberg,bei 98634 Oepfershausen
Geodaten / Höhenlage: m	50° 37' 44.18" N - 10° 13' 38.30" E / 615
Tel./Internet:	036940 50000 / turmuhrenklause.de
Öffnungszeiten:	Di-Fr ab 14 Uhr, Sa/So ab 11 Uhr, im Winter nur am Wochenende
Plätze innen / außen:	50 / 25
Erreichbarkeit / Kategorie:	PKW / Gaststätte und Pension

Hüttenführer Rhön

Hüttenführer Rhön

Der mächtige Basaltkegel Baier gehört zu den urtümlichsten und mit seinen 714m auch höchsten Bergen der Thüringischen Rhön. Er bildet die eindrucksvolle Kulisse für einen gemütlichen Berggasthof, der trotz zunehmender Beliebtheit in den letzten Jahren nach wie vor noch als Geheimtipp gilt. Der Gipfel selber bietet zwar, seitdem ein zu Beginn des 20.Jahrhunderts errichteter Holzturm in den 60er Jahren abgerissen wurde, nur eine verhältnismäßig bescheidene Aussicht, aber aufgrund seiner dichten Bewaldung und der zahlreichen Basaltklötze ist die Besteigung des Baier noch heute ein kleines Abenteuer, und deshalb ein lohnendes Ziel. Am Osthang, inmitten einer größeren Waldlichtung, liegen die Wanderhütten am Baier. Die acht Bungalows wurden in den 60er Jahren des 20.Jahrhunderts inmitten dieser idyllischen Landschaft, welche einen herrlichen Ausblick über das Feldatal hinüber zum Pleß und seinen Nachbargipfeln bietet, als Feriensiedlung errichtet. Nach der Wende konnte Frau Volkmar dieses Kleinod erwerben. Dank viel privatem Engagement und beharrlichem Ringen mit der Bürokratie vermietet sie ihre Wanderhütten

Hüttenführer Rhön

mittlerweile seit 1995 an Feriengäste, Wochenendausflügler und Wanderer. Die modernisierten Hütten mit unterschiedlichem Komfort, teilweise mit eigener Küche und Dusche und WC, bieten die Möglichkeit zur Erholung in einfachen und gemütlichen Holzbungalows. Die Übernachtungsgelegenheit besteht ganzjährig, wobei gerade an Wochenenden eine frühzeitige Reservierung zu empfehlen ist. Vor wenigen Jahren wurde eine der beiden ehemaligen Gemeinschaftsgebäude zu einer Bergwirtschaft umgebaut. Für den Hunger gibt es dann neben deftigen Kleinigkeiten, wie zum Beispiel Schafsbockwurst mit frischem Steinofenbrot auch selbstgebackenen Kuchen zu äußerst fair kalkulierten Preisen. Wem das alles noch nicht reicht, der kann auch in individuellen Kursen nach Voranmeldung das Töpferhandwerk erlernen. In unmittelbarer Nähe zu den Wanderhütten befindet sich übrigens auch das Gut „Bayershof". Ein eindrucksvolles Fachwerkgebäude aus dem 18. Jahrhundert.

Anfahrt / Wandermöglichkeiten: Per PKW ist die Hütte über Dermbach (B278) OT Unteralba zu erreichen, nachdem man die Ortschaft durchquert hat, trifft man nach guten 2,5 km bei den Wanderhütten ein. Der kürzeste Wanderweg führt von Weilar in knapp 2,5 km auf knapp 500m üNN hinauf. Dieser Weg ist jedoch der mit Abstand steilste, bequemer erreicht man den Baiershof von Unteralba oder Gehaus nach ca. 4 km Fußweg auf befestigten Wegen. Hervorragend verbinden lässt sich der Besuch mit einer Rundwanderung von der Emberghütte über den Baier und zurück über den Rhön-Höhen-Weg, *Markierung „rotes Dreieck".*

Nr. / Anschrift :	**(7) /** Am Baierweg 1, 36457 Weilar
Geodaten / Höhenlage:	50° 45' 8.72" N - 10° 6' 49.35" E / 498m
Tel./Internet:	036965/63431 / -
Öffnungszeiten:	So ab 14 Uhr, Pension täglich
Plätze innen / außen:	30 / 50
Erreichbarkeit / Kategorie:	PKW / Imbiss und Pension

Hüttenführer Rhön

Kiosk am Basaltsee „Steinernes Haus"

Der Basaltsee ist ein beliebtes Ausflugsziel inmitten der Hohen Rhön. Der kleine See kann mit einem gemütlichen Spaziergang schnell umrundet werden. Angler finden hier ein fischreiches Gewässer. Bereits in den 70er Jahren haben der Markt Oberelsbach und der Landkreis den Basaltsee als Naherholungsgebiet samt großem Wanderparkplatz erschlossen und einen kleinen Kiosk mit Toilettenanlage gebaut. Mittlerweile ist der Kiosk an Marko Klein verpachtet, nachdem der Vorgänger nach über 30 Jahren seinen verdienten Ruhestand angetreten hatte. Das Speisenangebot des Kiosk umfasst Bratwurst, Bockwurst und belegte Brötchen. Am Wochenende werden die Würste auf dem Holzkohlegrill zubereitet und es wird selbst gemachter Kartoffelsalat dazu serviert. Durch die etwas abgeschiedene Lage, nicht unmittelbar an einer lärmenden Landstraße, ist es hier wesentlich gemütlicher als an vielen anderen Imbissstationen.

Hüttenführer Rhön

Anfahrt/Wandermöglichkeiten: Der Kiosk am Basaltsee liegt an einem kurzen Abzweig der Straße von Ginolfs (über Oberelsbach zu erreichen) zur Hochrhönstraße. Die Hohe Rhön ist ein durch Wanderwege hervorragend erschlossenes Gebiet. Direkt am Basaltsee, der sich auch als Start- und Zielpunkt anbietet, führt die Extratour Hochrhöntour *Markierung „rotes H"* entlang. In einer 14,8 km langen Runde, mit mäßigen Anstiegen wandert man bequem durch die Hohe Rhön und kann vom Schwabenhimmel (Gedenkstein des Rhönklubs) auch einen kurzen Abstecher zum markanten Sendeturm des Heidelstein (926m) machen. Über diese Extratour erreicht man auch die Thüringer Hütte. Im Rahmen einer Halbtagestour bieten sich Wanderungen zu den nahe gelegenen Wanderhütten Rother Kuppe, Schweinfurter Haus, Kiosk Schwarzes und Rotes Moor und dem Holzberghof an.

Nr. / Anschrift :	(**31**) / Am Basaltsee, 97656 Oberelsbach
Geodaten / Höhenlage:	50° 27' 17.16" N - 10° 3' 12.91" E / 735m
Tel./Internet:	0151 54070040 / -
Öffnungszeiten:	Di-So ab 10 Uhr, im Winter teilweise weniger
Plätze innen / außen:	5 / 30
Erreichbarkeit / Kategorie:	PKW / Imbiss

Hüttenführer Rhön

Berghaus Rhön

Dem Basaltabbau in den den Bergen der Rhön verdanken wir heutzutage neben unschönen Eingriffen in die Natur auch einige Berghütten. Zu letzteren gehört das stattliche Berghaus Rhön im südlichen Teil der Bayerischen Rhön in den Schwarzen Bergen, nahe der Gemeinde Riedenberg. Es liegt wie das Würzburger Haus in der Umgebung des 786 m hohen, bewaldeten Farnsberges, jedoch im Gegensatz zu seinem Nachbarn an dessen südwestlichen Hang. Ursprünglich wurde das Berghaus 1932 errichtet, um den Arbeitern des Basaltabbaus als Unterkunft und Kantine zu dienen. Nach dem zweiten Weltkrieg verlor der Basaltabbau nach und nach an Bedeutung, so dass im Jahre 1972 das Gebäude aufgegeben und durch den Landkreis Bad Kissingen erworben wurde. Noch im gleichen Jahr wurde eine Gaststätte eingerichtet. Seitdem befindet sich im Erdgeschoss ein großer, traditionell mit langen Holzbänken eingerichteter Gastraum, der über knapp 100 Sitzplätze verfügt und noch ein weiterer Raum für Feierlichkeiten. Die Ausgestaltung des Gastraumes mit landwirtschaftlichen Geräten und die umfangreiche

Hüttenführer Rhön

Krugsammlung verdienen besondere Aufmerksamkeit. Familie Gros bewirtet ihre Gäste mit traditioneller bayerischer Kost, zu der neben regionalen Bieren auch verschiedene Frankenweine erhältlich sind. Darüber hinaus gibt es selbstverständlich ein umfangreiches Kaffee- und Kuchenangebot. Das Berghaus Rhön bietet auch die Gelegenheit zur Übernachtung für einen Erholungsurlaub oder eine Wandertour. Das Angebot reicht von Doppelzimmern über Mehrbettzimmer bis hin zu Matratzenlagern für größere Gruppen. Die Ausstattung ist einfach gehalten, aber alles Nötige ist vorhanden. Auch für einen Familienausflug ist das Berghaus Rhön wie geschaffen. Für die Kleinen gibt es einen großen Spielplatz im Außenbereich und auch des Winters kommt der Spaß nicht zu kurz, da sich in unmittelbarer Nähe ein Rodelhang sowie ein kleiner Skilift befindet. Ein weiteres lohnenswertes Ziel befindet sich ungefähr 300m zu Fuß in nördlicher Richung mit dem Basaltsee „Tintenfass". Dessen Name stammt von der ehemaligen Felsformation des Steinküppels.

Anfahrt/Wandermöglichkeiten: Das Berghaus Rhön ist sehr gut mit dem PKW von Riedenberg oder Schildeck zu erreichen, ausreichend Parkplätze sind in Hüttennähe vorhanden. Vom Berghaus aus bieten sich diverse kurze Rundwanderwege an, die gut ausgeschildert sind. Zu empfehlen ist der knapp 1,5 km lange Lehrpfad zum Würzburger Haus. Und nicht zuletzt führt auch die Extratour „Hüttentour", *Markierung rotes „H"*, von Oberbach oder Riedenberg aus startend in einer herrlichen Rundwanderung von 16km zum Berghaus Rhön.

Nr. / Anschrift :	(45) / Bergseestr.99, 97793 Riedenberg
Geodaten / Höhenlage:	50° 18' 48.03" N - 9° 53' 11.09" E / 702m
Tel./Internet:	09749 244 / berghausrhoen.de
Öffnungszeiten:	Mi-Mo ab 10 Uhr
Plätze innen / außen:	100 / 30
Erreichbarkeit / Kategorie:	PKW / Restaurant und Pension

Hüttenführer Rhön

Dermbacher Hütte

Der Gläserberg gehört zwar nicht zu den höchsten Bergen der Thüringischen Rhön, ist aber einer der prächtigsten Aussichtsberge. Vom Gipfelkreuz der waldfreien Kuppe bietet sich ein Panoramablick in alle Himmelsrichtungen. Im Osten ins Feldatal und zum Thüringer Wald, im Süden/Westen zum Umpfen darüberhinaus zur Wasserkuppe und Milseburg und im Norden zum Baier und dem Monte Kali. Dass auf einem solch majestätischem Berg, der als Hausberg der Dermbacher gilt, quasi eine Wanderhütte Pflicht ist, dachte sich der Rhönklub bereits 1879 und errichtete eine erste Blockhütte. Diese musste 1914 einem stattlicheren Nachfolgebau weichen. Im Zuge der nach und nach restriktiveren Grenzmanifestierung der DDR wurde auch der gesamte Gipfelbereich gesperrt und die zweite Dermbacher Hütte brannte in den 70er Jahren ab. Erst nach der Wende und Wiedergründung des Rhönklubzweigvereins konnte ein Neubau in Angriff genommen werden. 1994 war es soweit und die nun dritte Dermbacher Hütte, konnte in Betrieb

Hüttenführer Rhön

genommen werden, sie ist das weithin sichtbare Wahrzeichen des Gläserberges. Betrieben wird die Hütte an Wochenenden durch emsige Mitglieder des Rhönklubs Dermbach. Im stilvollen Innenbereich dessen Raummitte durch einen Kamin geziert wird, werden neben kalten und warmen Getränken auch ein Imbiss angeboten.

Anfahrt / Wandermöglichkeiten: Eine öffentliche Straße führt nicht zur Dermbacher Hütte. Über den Ort Föhlritz erreicht man den Gipfel am schnellsten über einen steilen knapp 1 km kurzen Anstieg. Lohnenswerter ist jedoch eine richtige Wandertour von Dermbach über den aussichtsreichen Staudtblick. Als Alternative hierzu bietet sich die nicht ganz so steile Route vom Emberg und der Emberghütte aus an. Von hier erreicht man über bequeme Wanderwege durch abgelegene Wald- und Wiesengebiete nach ca. 5 km die Dermbacher Hütte. Eine weitere Alternative ist eine Tour über den Hochrhöner ab dem Gasthof Katzenstein (ca. 6 km).

Nr. / Anschrift :	(11) / Gläserberg, bei 36466 Dermbach
Geodaten / Höhenlage:	50° 41' 33.55" N - 10° 5' 58.91" E / 671m
Tel./Internet:	036964 82473 / -
Öffnungszeiten:	So 10-17 Uhr
Plätze innen / außen:	60 / 30
Erreichbarkeit / Kategorie:	Fußweg 1 km / Imbiss

Hüttenführer Rhön

Drei Tannen Alm

Die Drei Tannen Alm am gleichnamigen Skilift am Nordhang des Kreuzberges ist eine der jüngsten privat geführten Berghütten der Rhön. Sie wurde 2006 eröffnet und seitdem durch das Ehepaar Reitz bewirtschaftet. Der zweigeschossige Bau mit Satteldach bietet in erster Linie eine Einkehrmöglichkeit für Skifahrer direkt an den Liften. Aber auch Wanderer und Mountainbiker sind willkommen. Neben einer schönen Aussicht auf die Ortslage von Bischofsheim sowie die Berge der Langen Rhön kann man es sich auch in der gemütlichen Kaminstube bequem machen und wird vom Betreiberehepaar bewirtet. Bei schönem Wetter sind die Plätze auf der Terrasse erste Wahl. Auch wenn die Drei Tannen Alm noch recht neu im Konzert der Wanderhütten in der Rhön ist, hat sie es in wenigen Jahren geschafft, sich bereits über die Grenzen Bischofsheims hinaus einen Namen zu machen, nicht zuletzt ist der Restaurantbetrieb beim Wettbewerb "Bayerische Küche 2010" für Servicequalität, regionale Küche und die mehrheitliche Verwendung einheimischer Produkte ausgezeichnet worden.

Hüttenführer Rhön

Anfahrt / Wandermöglichkeiten: Die Drei Tannen Alm ist von Bischofsheim über den Ortsteil Haselbach zu erreichen. Hier folgt man knapp 500 m der Dorfstraße ehe man im Dorfzentrum bei der Dorflinde nach links in den Viehweg abbiegt, der einem ansteigend nach ca. 1,5 km direkt zur Straße Fischzucht bringt, an deren Einmündung man die Berghütte schon nicht mehr übersehen kann. Vom dortigen Wanderparkplatz bietet sich eine "Drei-Hütten-Wanderung" an. Zunächst ansteigend ca. 2 km zum Neustädter Haus von welchem man weiter zum Gipfel des Kreuzberges wandert und den Abstieg über die Gemündener Hütte und/oder das Kloster Kreuzberg antritt, insgesamt 7 km, sehr gut ausgeschildert.

Nr. / Anschrift :	**(37)** / Fischzucht 16, 97653 Bischofsheim
Geodaten / Höhenlage:	50° 23' 8.33" N - 9° 59' 38.46" E / 578m
Tel./Internet:	09972 930775 / -
Öffnungszeiten:	Sa-So ab 10 Uhr, bei Skibetrieb täglich
Plätze innen / außen:	50 / 25
Erreichbarkeit / Kategorie:	PKW / Restaurant

Hüttenführer Rhön

Das Berghotel Eisenacher Haus ist der höchstgelegene Bergasthof der Thüringischen Rhön. Auf einem Hochplateau zwischen Kaltensundheim und Frankenheim im äußersten Westen des Landkreis Schmalkalden-Meiningen liegt es unweit vom Gipfel des Ellenbogens (813m üNN). Dieser wird zwar noch durch die unspektakuläre Erhebung des circa einen Kilometer südlich gelegenen Schnitzersberg (mit Sendemast, 815m üNN) leicht an Höhe übertroffen, gilt aber gemeinhin als höchste Erhebung der Thüringer Rhön. Vom Gipfel aus hat man einen herrlichen Ausblick über die gesamte Thüringische Rhön, das Ulstertal sowie die benachbarten Berge der Hohen Rhön.

Die erste Idee an dieser Stelle eine Hütte zu errichten, hatte der Rhönklub Kaltensundheim. Etwas später in den 20er Jahren des letzten Jahrhunderts errichtete der Zweigverein Eisenach dann das damals größte Wanderheim der gesamten Rhön. Es wurde schnell eine der beliebtesten Anlaufstellen für Ausflügler im Bereich der Hohen Rhön. Nach dem zweiten Weltkrieg

Hüttenführer Rhön

wurde der Rhönklub enteignet und das Eisenacher Haus zum Staatseigentum erklärt. Es begann das dunkelste Kapitel des einst ruhmvollen Berggasthofes. Zunächst wurde er noch als Ferienheim des Gewerkschaftsbundes weiterbetrieben, ehe ab 1962 eine zivile Nutzung nicht mehr in Frage kam und das Gebiet, aufgrund der unmittelbaren Nähe zu Hessen und Bayern, gesperrt und militärisch genutzt wurde.

Erst im Januar 1990 wurde, auch aufgrund von Druck durch die Anwohner der umliegenden Dörfer, das Eisenacher Haus geräumt und wieder zugänglich. Der Rhönklub erhielt sein ehemaliges Eigentum nicht mehr zurück und das Gebäude ging an die Gemeinde Erbenhausen. Nach Renovierungsarbeiten konnte es jedoch bereits im November 1990 durch die noch heute tätigen Pächter wieder in Betrieb genommen werden und wurde seitdem schrittweise zum Drei-Sterne-Berghotel modernisiert und erweitert.

Das Hotel wird nach wie vor familiär geführt. Dies spiegelt sich nicht nur in der Liebe zum Detail und im freundlichen Service wieder. Der Gesamteindruck ist äußerst stimmig, man findet den goldenen Mittelweg zwischen Ausflugslokal und Wanderheim sowie zwischen anspruchsvoller Gastronomie und Hotelbetrieb. Das regional geprägte Speisenangebot überzeugt auf der ganzen Linie.

Hüttenführer Rhön

Anfahrt / Wandermöglichkeiten: Das Eisenacher Haus ist bequem per PKW über einen ausgeschilderten und geteerten Abzweig von der Verbindungsstraße von Reichenhausen nach Frankenheim erreichbar. Der Gipfel ist vom Berghotel in ca. 100 m über einen leicht ansteigenden Weg erreichbar. Das Eisenacher Haus liegt direkt am Premiumweg Hochrhöner. Aus nördlicher Richtung empfiehlt sich eine Wanderung von Mittelsdorf, bei der man nach gut 5 km den Gipfel erreicht und auf dem Rückweg über den Eisenacher-Haus-Weg *Markierung „EH"* eine Rundtour über den Weidberg und Kaltenwestheim machen kann. Alternativ lässt sich das Eisenacher Haus sehr schön von Oberweid über einen Rundkurs, Gesamtlänge 7 km, mit der Thüringer Hütte, *Markierung grüne „O1"* erreichen.

Nr. / Anschrift :	(23) / Frankenheimer Str. 38, 98634 Erbenhausen
Geodaten / Höhenlage:	50° 34' 20.68" N - 10° 5' 2.83" E / 801m
Tel./Internet:	036946 3600 / eisenacher-haus.de
Öffnungszeiten:	täglich 7-24 Uhr
Plätze innen / außen:	170 / 200
Erreichbarkeit / Kategorie:	PKW / Restaurant und Hotel

Hüttenführer Rhön

alter Wegweiser in der Nähe des Eisenacher Hauses

Hüttenführer Rhön

Im Dörfchen Oberalba gründete man bereits im Dezember 1989 den Rhönklub, es war die erste Wiedergründung auf thüringischem Gebiet, und errichtete kurz danach eine eigene Schutzhütte. Die beschauliche Holzhütte mit großem Vordach bietet einen zweckmäßigen Gastraum mit Theke, der jeden Sonntag zum Frühschoppen geöffnet ist. Aber Wanderer-, Rad- oder sonstige Reisegruppen sind nach Voranmeldung zu jeder Zeit herzlich Willkommen und können dann ein sehenswertes großformatiges Holzrelief des Feldatals von der Künstlerin Romana Bellinger im Inneren der Hütte bestaunen. Nach einer Anbaumaßnahme im Jahre 2010 gibt es nun auch ordentliche Toiletten. Mit viel ehrenamtlichem Engagement sorgen die Mitglieder des Rhönklubs dafür, dass die Gäste freundlich zu fairen Preisen bewirtet werden. Hier findet man noch die Rhöner Gastlichkeit ohne kommerziellen Hintergedanken, die eine gute Wanderhütte ausmacht. Neben der guten Erreichbarkeit und einer ausreichenden Anzahl an Parkplätzen sorgt zudem ein einzigartiger Panoramablick über das Feldatal zu den Bergen der Vorderen Rhön und dem Kamm des

Hüttenführer Rhön

Thüringer Waldes für die Beliebtheit der Emberghütte. Bei gutem Wetter sind der Inselberg und das gut 60 km entfernte Ringberghotel oberhalb von Suhl zu erkennen. Aber nicht nur der Ausblick und die bequemen Spaziermöglichkeiten sorgen für die große Anziehungskraft, ein attraktiver Kinderspielplatz und auch ein geteerter Rundkurs des Wintersportvereins für Inlineskater und Rollerski sowie die gespurten Loipen im Winter, sorgen dafür, dass an sonnigen Wochenendtagen durchaus alle Parkplätze belegt sein können. Einmal im Jahr, meist Ende Juli, lädt der Rhönklub zum beliebten Embergfest und verwandelt den Vorplatz in einen Biergarten mit Festzelt, dann gibt es neben der sonst üblichen Imbissverpflegung traditionell Thüringer Bratwürste und Haxen, Kaffee und Kuchen. Blasmusik unterhält die Gäste.

Anfahrt / Wandermöglichkeiten: Die Emberghütte liegt direkt an der Emberghut über welche die Kreisstraße von Dermbach nach Geisa führt, ca. 1,5 km hinter dem Ortsausgang von Oberalba. Mit dem Rad ist die Hütte über den Radweg von Dermbach nach Buttlar zu erreichen, der jedoch von Dermbach aus sehr steil ansteigt. In nördliche Richtung vom Wanderparkplatz erreicht man nach gut 4 km den Gipfel des Baier, Ausschilderung beachten, von dem man zum Baiershof absteigen kann und über den Rhön-Höhenweg *Markierung „roter Tropfen"* unterhalb des Baiers zur Emberghütte zurückkommt, insgesamt 10 km. Aber auch ein Ausflug in südliche Richtung zum Gläser und der Dermbacher Hütte über die Zuwegung zum Hochrhöner ist sehr empfehlenswert, ca. 5 km einfache Strecke.

Nr. / Anschrift :	(6) / Emberg, bei 36466 Oberalba
Geodaten / Höhenlage:	50° 43' 31.54" N - 10° 5' 2.71" E / 500m
Tel./Internet:	036964-7367 / rhoenklub-oberalba.de
Öffnungszeiten:	So. 09.30-12.30Uhr*
Plätze innen / außen:	40 / 50
Erreichbarkeit / Kategorie:	PKW / Imbiss

Hüttenführer Rhön

In Gipfelnähe des Weiherbergs (786m üNN) zwischen Dipperz und Hilders liegt eine der großen klassischen Wanderhütten mit Übernachtungsgelegenheit. Die Enzianhütte gehört zu den schönsten Berghütten in der Rhön. Neben der guten Erreichbarkeit, hat man von der Terrasse mit ihrem charakteristischen "Rundeck" am Nordhang des Weiherberges einen herrlichen Ausblick auf einen der schönsten Berge der Rhön - die Milseburg. Wer gerne einen Panaromaausblick Richtung Süden, zum Pferdskopf und der Wasserkuppe genießen will, der sollte den knapp 1 km langen Fußweg zum Gipfel des Weiherberges nicht scheuen.

Die stattliche zweigeschossige Berghütte mit ihrem wiedererkennbaren roten Ziegeldach und der grauen Wettbretterverkleidung hat einen gemütlichen Gastraum, der liebevoll urig mit Jagdutensilien und traditionellen Rhöner Accessoires ausgestattet ist. Sie ist eine von drei Hütten im Gebiet der Rhön die sich im Besitz des Deutschen Alpenvereins (DAV) verbinden, davon jedoch die Einzige,

Hüttenführer Rhön

welche täglich bewirtschaftet ist und Übernachtungen anbietet.

Der DAV Sektion Fulda beschloss 1949 eine vereinseigene Hütte zu errichten. Man fand in einer Holzhütte am Weiherberg, die an der Stelle der heutigen Biwakschachtel stand, einen zunächst provisorischen Unterschlupf. Es gab weder eine Zufahrtsstraße noch Energieanschluss. All das musste in mühevoller Arbeit und viel Eigenleistung gebaut werden. Dass die Bauarbeiten der Enzianhütte von 1951-1956 andauerten, lag nicht nur an den schwierigen Bedingungen, sondern auch einem verheerenden Sturm, der im Winter 1954 Teile des Gebäudes zerstörte.

Seit 1988 ist der Fuldaer Getränkehändler Peter Koch Pächter der Hütte und die Hütte wird durch die engagierte Hüttenwirtsfamilie Georg Koch, welche trotz Namensgleichheit mit dem Pächter weder verwandt noch verschwägert sind, geleitet. Allein in den letzten 20 Jahren wurden weit über 300.000 in die Instandhaltung und Sanierung der Hütte investiert, wobei ein guter Teil auch durch den Pächter selbst getragen wurde, um die Enzianhütte zu ihrem 55-jährigen Jubiläum im Jahr 2011 zu dem zu machen was sie heute ist. Die Wirtsleute kümmern sich rührig um das Wohl ihrer Gäste und servieren traditionelle Speisen und kleine Gerichte sowie frisch gezapfte Getränke, die der Besucher bei gutem Wetter im großzügigen Außenbereich genießen kann. Die Berghütte bietet Einzel und Doppel- als auch Mehrbettzimmer und in einem Nebengebäude klassische Matratzenlager für ganze Gruppen. Gute Voraussetzungen für einen Kurzurlaub oder eine Streckenwanderung in dieser idyllischen Landschaft.

Hüttenführer Rhön

Anfahrt / Wandermöglichkeiten: Die Enzianhütte ist über einen geteerten Waldweg, ca. 2 km, von der Ortschaft Hilders - Dietges ,innerhalb es Ortes Ausschilderung beachten, per PKW zu erreichen. Es stehen ausreichend Parkplätze in der Nähe der Hütte zur Verfügung. Die kleine Ortschaft Dietges erreicht man über einen Abzweig von der B458 zwischen Hilders und Dipperz. Für den Wanderfreund bietet sich die Nutzung des Wanderparkplatzes Grabenhöfchen an, direkt an der B458 gelegen. Von dort ist es knapp 1 km Aufstieg zur Hütte. Ebenfalls kann man von diesem Parkplatz eine kombinierte Hüttentour zur nahe gelegenen Fuldaer Hütte an der Maulkuppe und oder zur Milseburg starten. Alle drei Hütten über verschiedene Wanderwege, die lückenlos beschildert sind erreichbar. Selbstverständlich führt auch der Hochrhöner an diesem Premiumziel entlang.

Nr. / Anschrift :	(55) / Am Weiherberg, bei 36115 Hilders OT Dietges
Geodaten / Höhenlage:	50° 31' 19.82" N - 9° 54' 47.35" E / 738m
Tel./Internet:	036658 319 / enzianhuette-rhoen.de
Öffnungszeiten:	Mi-Mo ab 11Uhr (Nov-Mär zusätzlich Mo Ruhetag)
Plätze innen / außen:	100 / 200
Erreichbarkeit / Kategorie:	PKW / Restaurant und Pension

Hüttenführer Rhön

Gastraum der Enzianhütte

Hüttenführer Rhön

Am Westhang des knapp 700m hohen bewaldeten Umpfenberg, etwas versteckt, liegt die Wanderhütte des Fischbacher SV Sektion Wandern. Aber es lohnt sich sie zu suchen, denn hier findet man eine gemütliche typische Berghütte inmitten der Natur. Ein einstiges Trafohäuschen und die geteerten Forstwege hier oben dienten dem Basaltabbau in der Umgebung. Doch schon recht bald entfiel diese Nutzung und engagierte Fischbacher Bürger, die ihren Wanderverein 1986 gegründet hatten, erwarben das Grundstück und fingen noch in den Wendejahren mit dem Umbau an. So wurde recht bald aus dem Flachbau eine stilvolle Hütte mit Giebeldach und überdachter Veranda. Bei gutem Wetter können auf der Lichtung neben der Hütte weitere Plätze geschaffen werden. Die Hütte wurde in Eigenleistung ausgebaut und Instandgesetzt und zunächst als reines Vereinsheim genutzt. Doch seit einigen Jahren öffnen die ehrenamtlich tätigen Vereinsmitglieder an Sonn- und Feiertagen ihre Hütte für die Öffentlichkeit. In urgemütlicher Stimmung werden die Gäste mit Kaffee und Kuchen sowie Kaltgetränken bewirtet. Bei schönem Wetter wird

Hüttenführer Rhön

auch ab und an der Grill in Betrieb genommen. Geheizt wird die Hütte über einen Kamin, der an kalten Wintertagen schon früh angeheizt werden muss, damit es nachmittags in der Hütte gemütlich wird. Neben der wöchentlichen Öffnung veranstaltet der Wanderverein auch einmal jährlich, meist Anfang September, ein großes Wanderfest, zu dem alle umliegenden Wandervereine eingeladen werden.

Anfahrt / Wandermöglichkeiten: Der Ort Fischbach liegt an der B285 zwischen Kaltennordheim und Dermbach in der Thüringischen Rhön. In der Ortsmitte, nach Überqueren der Felda, befindet man sich an einer Kreuzung, an der man zunächst rechts in die Umpfenstraße abbiegt und nach knapp 200 m dem Straßenverlauf folgend erneut rechts den Schildern „Wanderhütte" folgend abzweigen muss. Nun am Ortstrand angekommen ist der Weg eigentlich dem Forst- und Landwirtschaftlichemverkehr vorbehalten. Deshalb sollte man hier parken und dem geteerten Weg gute 2,5 km ansteigend folgen. Sehr lohnenswert ist auch eine Wanderung zur Berghütte Rhön-Brise welche sich am Osthang des Umpfen, knapp 1,5 km entfernt, befindet.

Nr. / Anschrift :	(**17**) / Am Umpfen, bei 36452 Fischbach
Geodaten / Höhenlage:	50° 38' 49.12" N - 10° 9' 16.53" E / 548m
Tel./Internet:	036966 83222 / fischbachersv.de
Öffnungszeiten:	So 14-18 Uhr *
Plätze innen / außen:	25 / 40
Erreichbarkeit / Kategorie:	Fußweg – 2,5 km / Imbiss

Hüttenführer Rhön

Der Rothsee bei Bischofsheim ist eines der weniger bekannten Ziele in der Rhön. Doch die idyllische Umgebung des aufgestauten Fischereisees ist für Angler, Wanderer und Radfahrer ein lohnenswertes Ziel. Bei einem Rundgang um den See (ca. 500m) kann man die Schönheit der Landschaft und Ruhe nahe des Bauersberg genießen. Seit dem 16. Jahrhundert wurde hier zunächst Braunkohle und später Basalt abgebaut. Darüber informiert anschaulich ein knapp zehn Kilometer langer naturkundlicher Wanderweg, der am Parkplatz des Stollen "Einigkeit" beginnt. Ein geplantes Besucherbergwerk soll in Zukunft noch mehr Ausflügler in

Hüttenführer Rhön

dieses Gebiet locken.

Wer nach der Wander- oder Radtour Hunger und Durst bekommen hat, dem sei natürlich die Einkehr in der Fischerhütte am Rothsee empfohlen. Einst als Unterkunftsgebäude des Angelsportvereins erbaut, ist die Hütte seit einigen Jahren an den Gastronom Jörg Scheffler verpachtet. Der umtriebige Hamburger ist stets um das Wohl seiner Gäste bemüht und reicht neben einer Frühstückskarte, kleinere Fischgerichte sowie weitere Mahlzeiten für den schnellen Hunger. Auch die derzeit noch etwas beengten Verhältnisse sollen sich bald ändern, dann soll die Terrasse zum Gastraum erweitert werden und eine neue Terrasse entstehen. Dann wäre auch das Festzelt neben der Fischerhütte, in dem Scheffler im Moment noch größere Gesellschaften empfängt, entbehrlich.

Anfahrt / Wandermöglichkeiten: Von Bischofsheim der Hochrhönstraße (Staatsstraße 2288) Richtung Fladungen folgen und nach ca. 2,5 km rechts der Beschilderung „Wanderparkplatz Rothsee" folgen. Von der Fischerhütte aus kann man einen schönen Rundweg zum Holzberghof und Bauersberg begehen, „Markierung blauer Tropfen und blaues Dreieck", ca. 6 km, der auch mit einem Abstecher zum Basaltsee bei Ginolfs verbunden werden kann.

Nr. / Anschrift :	(**36**) /Bauersbergstr.134,97653 Bischofsheim
Geodaten / Höhenlage:	50° 25' 28.53" N - 10° 1' 20.86" E / 670m
Tel./Internet:	09772 1677 / fischerhütte-rothsee.de
Öffnungszeiten:	April – Oktober täglich 9-19 Uhr
Plätze innen / außen:	30 / 50
Erreichbarkeit / Kategorie:	PKW / Restaurant

Hüttenführer Rhön

Ein rundes Haus an einem der Gipfel der Rhön? Sie glauben so etwas gibt es nicht? Weit gefehlt, denn dieses architektonische Kleinod steht bereits seit 1924 an der Maulkuppe in der Hessischen Rhön zwischen Dipperz und Hilders, nahe der Milseburg. Zu verdanken haben wir dies dem Rhönklub Zweigverein Fulda, in dessen Besitz sich das aus Natursteinen gebaute Fuldaer Haus noch heute befindet. Allein im letzten Vierteljahrhundert hat der große Zweigverein mit gut 1000 Mitgliedern knapp eine halbe Millionen Euro investiert um die Hütte instand zu halten. Dabei ist der bewaldete Gipfel der knapp 670 m hohen Maulkuppe an sich nicht sonderlich spektakulär, zumal sich die Kuppe nur sanft abhebt und sich im Schatten der deutlich höheren benachbarten Berge Stellberg, Milseburg und Teufelstein befindet. Dafür hat man auf diese benachbarten Kegel einen herrlichen Ausblick. Außerdem befindet sich in unmittelbarer Umgebung der Fuldaer Hütte eine einzigartige geologische Besonderheit - die Steinwand, ein über 100m langes und bis zu 20m hohes Felsgebilde. Es ist das

Hüttenführer Rhön

einzige Klettergebiet der Rhön, aber auch für nicht Kletterbegeisterte eine atemberaubende Naturschönheit. Und was bietet sich nach einem Spaziergang mehr an, als die Einkehr im runden Haus? Hüttenwirt Manfred Laudenbach hat die Hütte bereits seit 1972 die Hütte gepachtet und gehört somit zu den Methusalems unter den Hüttenwirten. Das gastfreundliche Haus mit Sonnenterasse bietet typische Rhöner Speisen. All dies macht das Fuldaer Haus quasi zu einem "must see" in der Rhön. Neben diesen Möglichkeiten für Tagesausflügler, bietet das Fuldaer Haus zudem eine Pension, die das einmalige Erlebnis einer Übernachtung im runden Haus möglich macht. Im benachbarten Jugendheim, das in den 50er Jahren erbaut wurde, können sich Jugendgruppen oder Vereine einmieten (zusätzlich 27 Betten).

Anfahrt / Wandermöglichkeiten: Das Fuldaer Haus ist bequem per PKW zu erreichen. Folgen sie von Dipperz kommend der B458 Richtung Hilders, ca. 6 km hinter Dipperz an der großen Kreuzung mit der L3330 (Hofbieber - Poppenhausen), Richtung Hofbieber nach links abbiegen und nach 2 km bergan erreichen Sie den Weiler Steinwand, von dessen Ortsmitte es rechts auf einem geteerten Feldweg noch ca. 1 km zum Fuldaer Haus geht. Die Wander- und Radfahrmöglichkeiten sind äußerst vielfältig. Zum einen bietet sich eine Rundtour zur Steinwand an, aber auch ein kombinierte Hüttentour zur Milseburg, ca. 5 km Strecke, ist äußerst lohnenswert. Der Hochrhönradweg führt ebenfalls unmittelbar an der Hütte vorbei.

Nr. / Anschrift :	(56) / An der Maulkuppe, bei 36163 Poppenhausen OT Steinwand
Geodaten / Höhenlage:	50° 31' 40.27" N - 9° 52' 40.44" E / 670m
Tel./Internet:	06658 242 / fuldaerhaus.de
Öffnungszeiten:	Di-So ab 10Uhr
Plätze innen / außen:	60 / 30
Erreichbarkeit / Kategorie:	PKW / Restaurant

Hüttenführer Rhön

Die Gemündener Hütte ist eine von drei Einkehrmöglichkeiten in unmittelbarer Nähe des Kreuzberggipfels. Auf dieser gemütlichen klassischen Wanderhütte, welche ganzjährig bewirtschaftet ist, kann man herrlich rasten und die Natur genießen. Vom Standpunkt der Gemündener Hütte am Nordhang im Skigebiet hat man einen sehr schönen Ausblick auf Bischofsheim und die umliegenden Berge. An sonnigen Tagen herrscht in der urigen länglichen Holzhütte Hochbetrieb. Mit der Entwicklung der Gemündener Hütte, welche 1954 durch den Eisenbahner Sportverein aus Gemünden am Main errichtet wurde, ist auch die Entwicklung des Kreuzberges als Skigebiet verbunden. Insgesamt vier Schlepplifte, von denen der erste 1958 errichtet wurde, bringen die Skifahrer zu den immerhin knapp 15 Pistenkilometern. Damit ist es das größte Skigebiet der Rhön. Aber auch sonst ist die Hütte ein beliebter Anlaufpunkt für Wanderer und Radfahrer. Am schönsten ist es natürlich bei gutem Wetter auf den Bänken um die Hütte herum. Touristisch ist sie bei weitem nicht so überlaufen wie das Nahe Kloster Kreuzberg und trotzdem meist gut frequentiert. Die

Hüttenführer Rhön

Betreiber Marc Trum, dessen Familie bereits seit 1994 Pächter ist, und Verena Göpfert bewirten ihre Gäste mit kühlen Getränken und klassischen Vespergerichten. Die Hütte wird allerdings am Wochenende komplett vermietet. Den eingemieteten Selbstversorgen stehen dann in rustikalem Ambiente vier Mehrbettzimmer und der komplette Gastraum zur Verfügung. Bis 2003 war die Hütte übrigens ein reines Selbstversorgerhaus.

Anfahrt / Wandermöglichkeiten: Die Anfahrt zur Gemündener Hütte erfolgt über Bischofsheim aus dessen Ortsmitte eine ausgeschilderte Kreisstraße, ca. 5 km, zunächst Richtung Kloster Kreuzberg führt. Knapp 600 m vor dem Parkplatz des Klosters führt ein nach links abzweigender Forstweg, der Ausschilderung Haflinger Alm und Gemündener Hütte folgend, zur Hütte. Der gut 1 km lange Forstweg ist befestigt, aber nicht geteert und unter Umständen bei schlechter Witterung nicht befahrbar. Von der Gemündener Hütte bietet sich natürlich eine Wanderung zum Gipfel des Kreuzberges und der nahe gelegenen Klosteranlage (ca. 20 min) an. Ebenso ist auch der Weg zum benachbarten Neustädter Haus nur 3 km entfernt.

Nr. / Anschrift :	(38) / Kreuzberg 22, bei 97653 Bischofsheim
Geodaten / Höhenlage:	50° 22' 37.32" N - 9° 59' 11.23" E / 850m
Tel./Internet:	09772 930965/ gemuendener-huette.de
Öffnungszeiten:	So-Do 11-18 Uhr (Nov geschlossen)
Plätze innen / außen:	60 / 30
Erreichbarkeit / Kategorie:	PKW / Imbiss und Pension

Hüttenführer Rhön

Die Hohe Geba ist nicht nur der Hausberg der Meininger, sie ist auch die erste größere, weithin sichtbare Erhebung wenn man sich der Rhön von Osten nährt. Der Gipfelbereich ist recht unspektakulär, eine größtenteils waldfreie langegezogene Kuppe, deren Erkennungszeichen ein Sendemast ist. Von der Aussichtskanzel des Gipfelplateaus bietet sich jedoch ein sehr schöner Rundblick über das Land der offenen Ferne, über den Dolmar sowie den Kamm des Thüringer Waldes. 1962 nahm das russische Militär den Gipfel für sich in Beschlag, errichtete militärische Gebäude und machte das Gelände für die Allgemeinheit unzugänglich. Erst nach dem Rückzug der sowjetischen Armee 1991 konnte das Gelände wieder betreten werden.

In einer der ehemaligen russischen Militärbaracken, in der sich auch das Info-Zentrum des Fremdenverkehrsvereins und das Museum Drushba befinden, haben nun im vorderen Teil die Pächter Sascha Liebaug und Silvio Vollstädt einen kleinen aber feinen Gastraum im Jagdstil eingerichtet. Dort gibt es täglich

Hüttenführer Rhön

(außer Montag) neben kleinen Speisen und Getränken auch Eis für den Ausflügler, der sich natürlich nicht nur auf das Kulinarische beschränken sollte, sondern auch die kulturellen Angebote genießen sollte. Das ehemalige Militärgelände hat man nämlich in einen sehenswerten Kulturgarten verwandelt. Auf knapp 3,5 ha, kann man neben hiesiger Pflanzen und Gesteine auch einige Kunstwerke regionaler Künstler bestaunen.

Anfahrt / Wandermöglichkeiten: Von Meiningen fährt man zunächst über den Ortsteil Dreißigacker (Klinikum) nach Herpf und dann weiter nach Stepfershausen, in dessen Ortsmitte man nach links Richtung Geba, von hier noch ca. 5 km, abbiegt. Die Anfahrt zur Hütte erfolgt über eine Teerstraße, die direkt am Ortseingang von dem Ort Geba rechts abzweigt. Der Wanderer stellt seinen Wagen am besten am Wanderparkplatz oberhalb von Träbes ab und erreicht die Hohe Geba über einen mäßig ansteigenden knapp 2 km langen Wanderweg. Auf der Hohen Geba, auf der sich auch die nicht regelmäßig bewirtete Meininger Hütte befindet, kann man entweder dem Julius-Greif-Rundweg folgen oder hinüber zur Umrundung der Diesburg, 4 km einfache Strecke, aufbrechen.

Nr. / Anschrift :	**(20)** / Hohe Geba, bei 98617 Geba
Geodaten / Höhenlage:	50° 35' 22.95" N - 10° 16' 16.81" E /751m
Tel./Internet:	0170 2859523 / hohe-geba.de
Öffnungszeiten:	Di-So ab 11 Uhr
Plätze innen / außen:	60 / 30
Erreichbarkeit / Kategorie:	PKW / Imbiss

Hüttenführer Rhön

Jagdschloss Holzberghof

Eines der romantischsten Ziele in der Rhön ist unterhalb des Münzbergkopfs nördlich von Bischofsheim inmitten der Hohen Rhön gelegen. Nahe der Hochrhönstraße steht das steinerne Jagdschloss mit zwei einprägsamen Rundtürmen an den Außenseiten des Haupteingangs. Lange bevor dieses Kleinod entstand, errichteten die Freiherren von Thüringen bereits im 16.Jahrhundert an dieser Stelle eine Eisenschmelze. Der Waldreichtum der Gegend eignete sich optimal, um Brennholz für das Betreiben des Ofens zu gewinnen. Die Errichtung einer ersten Unterkunft, eines Forsthauses, ist im Jahre 1614 belegt. Später wechselten die Besitzer mehrfach und statt Eisenschmelze wurde nun eine Maultierzucht betrieben. Aber auch die landwirtschaftliche Nutzung des Gutshofes war zum Ende des 19. Jahrhunderts nicht mehr rentabel und der Besitz wurde 1902 an den dänischen Grafen Paul Fredrik Schimmelmann verkauft. Dank der Unterstützung seiner Adoptivmutter, Gräfin Adeline von Schimmelmann, wurde das

Hüttenführer Rhön

Jagdschloss 1910 in seiner heutigen Form als romantischer Nachbau umgebaut. Nach dem Ende des ersten Weltkrieges siedelte Graf Schimmelmann nach England über und verkaufte das Schloss. In den Folgejahren wechselten die Eigentümer mehrfach. 1954 erwarb Ferdinand Meinschäfer den Holzberghof und gestaltete ihn in ein Restaurant mit Hotelbetrieb um. Die Nachfahren betreiben den Holzberghof noch heute mit viel Liebe zum Detail. Die Küche ist auf Rhöner Wildspezialitäten aus eigener Jagd sowie saisonale Pilzgerichte mit einheimischen Sorten spezialisiert. Bei schönem Wetter sitzt man direkt auf der Terrasse vor dem Eingangsportal. Alternativ kann man natürlich auch in der rustikal gemütlichen Gaststube im ersten Obergeschoss Platz nehmen. Die romantische Aura des Holzberghofes wird noch dadurch verstärkt, dass dieser bis heute nur über Aggregate Strom bezieht, so dass man Nachts mit Petroleumlampe zu Bett geht und sich somit stilecht in die Zeit des Grafen vor über 100 Jahren zurückversetzt fühlt. Eine Übernachtung in einem der 15 Doppelzimmer oder der Ferienwohnung ist ein einmaliges Erlebnis.

Anfahrt / Wandermöglichkeiten: Von Bischofsheim fährt man auf der Hochrhönstraße in Richtung Fladungen und biegt nach ca. 3 km links ab, der Beschilderung Holzberghof folgend. Direkt neben der Straße befindet sich ein Wanderparkplatz, aber auch die Zufahrt zum Holzberghof über eine enge geteerte Straße, ca. 1 km, ist möglich. Vom Holzberghof bietet sich ein schöner Rundweg zum Heidelstein und über das Rote Moor an. Der Weg ist markiert, *„blaues Dreieck"* und *„blauer Tropfen"* und gut ausgeschildert, insgesamt ca. 7 km.

Nr. / Anschrift :	**(35)** / Holzberghof 1, 97653 Bischofsheim
Geodaten / Höhenlage:	50° 26' 19.49" N - 10° 0' 21.90" E / 770m
Tel./Internet:	09772 1207 / holzberghof.de
Öffnungszeiten:	täglich ab 10 Uhr (im Winter kürzer)
Plätze innen / außen:	50 / 20
Erreichbarkeit / Kategorie:	PKW / Restaurant und Hotel

Hüttenführer Rhön

Berghotel Katzenstein

Der imposante Berggasthof aus grauem Basaltstein hoch über dem Feldatal ist weithin sichtbar. Er hat eine bewegte Geschichte hinter sich. Erbaut im Jahre 1935 diente der Berggasthof zunächst als Erholungsheim für NSDAP-Mitglieder. Nachdem Krieg quartierten sich kurz die Amerikaner ein, ehe die Sowjettruppen vorrübergehend den Katzenstein in Beschlag nahmen. Mitte der 50er Jahre wurde der Berggasthof renoviert aber aufgrund der grenznahen Lage nicht für die Bevölkerung freigegeben, sondern nun als Erholungsheim für Offiziere der Staatssicherheit der DDR genutzt.

Erst nach der Wende wurde der Katzenstein für die Öffentlichkeit zugänglich, doch der von der Brenneckegruppe übernommene Hotelbetrieb endete in Misswirtschaft. Seit 1997 gibt es einen neuen Besitzer und Pächter. Das Team von Regina Rebscher-Heil managt nun den Hotel-, Tagungs- und Restaurantbetrieb, der auch dem Streckenwanderer Gelegenheit gibt, den Katzenstein in seine Tourenplanung aufzunehmen. Auf der großzügigen Anlage mit ihrem

Hüttenführer Rhön

charakteristischen Eingangsturm, befinden sich ein großes Haupthaus mit mehreren gemütlichen Gasträumen, eine riesige Terrasse sowie mehrere Nebengebäude. Von der Terrasse aus bietet sich ein ausgezeichneter Blick in das Feldatal und zum Bergrücken des Neuberg-Hohe Asch-Umpfen. Ein Besuch lohnt schon allein wegen der einmaligen Architektur des Gebäudes sowie dem Panoramaausblick und den frischen Torten, sowie Eis- und Speisenangebot.

Anfahrt / Wandermöglichkeiten: Am besten zu erreichen ist der Gasthof unterhalb des gleichnamigen Berges über die Landstraße von Zella nach Tann, von der, nahe der Ortschaft Andenhausen ein ausgeschilderter ca. 500 m langer Abzweig zum Katzenstein führt. Der Berggasthof liegt am Premiumwanderweg Hochrhöner und lässt sich von hier mit mehreren Touren kombinieren. Sowohl der Weg in südliche Richtung, bei dem sich eine Rundwanderung um das Naturschutzgebiet Horbel anbietet, ca. 12 km, als auch ein Rundweg in nördliche Richtung bis zur Dermbacher Hütte auf dem Gläserberg und zurück über den Waltersberg und Brunnhartshausen, insgesamt ca. 13 km, sind lohnenswerte Wanderungen.

Nr. / Anschrift :	(10) / Am Katzenstein, bei 36466 Zella
Geodaten / Höhenlage:	50° 40' 14.46" N - 10° 4' 49.87" E / 590m
Tel./Internet:	036964 990 / hotel-katzenstein.de
Öffnungszeiten:	täglich
Plätze innen / außen:	200 / 100
Erreichbarkeit / Kategorie:	PKW / Restaurant und Hotel

Hüttenführer Rhön

Kelten Hotel „Goldene Aue"

Im Norden der Thüringischen Rhön, kurz vor Vacha, wo der Flusslauf der Werra die natürliche Grenze des Mittelgebirges absteckt, liegt das Kelten-Hotel. Durch die Lage, etwas abseits im Wald am Fuße des Öchsenberges, wirkt dieser Ort etwas geheimnisvoll. Vor mehr als 2500 Jahren haben hier keltische Stämme gesiedelt. Ein Museumsdorf in unmittelbarer Nähe zum Waldhotel lässt den Besucher nachempfinden, wie die Menschen damals wohnten, arbeiteten und das Gemeinschaftswesen gestalteten. Wer mehr über die Lebensweise der Rhöner Vorfahren wissen möchte, kann sich über die Informationstafel weiterbilden oder an Schulungen und geführten Touren teilnehmen.

Das Kelten Hotel bietet neben einem stilvoll, rustikal eingerichtetem Gastraum, der ebenfalls im Zeichen der Kelten steht, auch einen Biergarten und einen Kinderspielplatz. Die Hotelzimmer des mittelgroßen Betriebes (42 Betten) befinden sich in den Obergeschossen. Die Karte ist regionaltypisch, wobei natürlich saisonale Gerichte mit keltischem Einschlag

Hüttenführer Rhön

nicht fehlen. Der Service ist freundlich, die Küche gut bürgerlich. Insgesamt ein schönes Ausflugsziel mit vielfältigen Möglichkeiten.

Anfahrt/Wandermöglichkeiten: Das Kelten-Hotel ist über eine 2 km lange geteerte Straße von Sünna, direkt an der B84 zwischen Rasdorf und Vacha gelegen, aus erreichbar. In der Ortsmitte geht es über die Öchsenbergstraße in östliche Richtung zum Ziel. Der Wanderparkplatz am Hotel, ein Zweiter befindet sich unterhalb des Hotels am Waldrand, bietet sich als Startpunkt zweier herrlicher Rundwanderungen an. Der nördlichste Berg der Rhön, der 627m hohe Öchsen ist über die "Extratour Keltenpfad" , *Markierung „roter Pfeil"* erreichbar. Auf dem Gipfel werden die Folgen des Raubbaus von Gestein deutlich. Über die Hälfte der einstigen Bergkuppe zerstört. An der Bergkuppe befindet sich die Öchsenberghütte, welche sonntags geöffnet ist. Wer bei guter Kondition ist, kann die große Rundtour um den Öchsen und seinen südlichen Nachbarn, den 667m hohen Dietrichsberg wählen, dann ergibt sich eine insgesamt 17 km lange Runde. Andernfalls ist natürlich auch eine direkte Rückkehr möglich.

Nr. / Anschrift :	(2) / Goldene Aue 1, 36404 Sünna
Geodaten / Höhenlage:	50° 47' 34.76" N - 10° 1' 29.86" E / 425m
Tel./Internet:	036962 26 2670 / keltenhotel.de
Öffnungszeiten:	täglich ab 11 Uhr (Jan.-März ab 17 Uhr *)
Plätze innen / außen:	120 / 60
Erreichbarkeit / Kategorie:	PKW / Restaurant und Hotel

Hüttenführer Rhön

Wer am Gipfel des Feuerbergs steht und hinüber zum Kreuzberg, der Wasserkuppe und der Dammersfeldkuppe schaut, der hört die Melodie der Rhön. Es ist der vielleicht schönste Aussichtspunkt der gesamten Rhön, wild romantisch türmen sich die sanften Kegel der höchsten Berge der Rhön hier auf, einerseits durch die erklommene Höhe nah wirkend, anderseits durch das tiefe Tal des Kellerbachs respektvoll getrennt. Der Rhönklub Bad Kissingen begann bereits 1914 hier eine Schutzhütte zu errichten und benannte die bereits nach kurzer Bauzeit entstandene Hütte nach König - Ludwig. Doch bereits nach dem ersten Weltkrieg und dem endgültigen Niedergang der Monarchie in Deutschland wurde sie fortan Kissinger Hütte genannt. Insgesamt vier Mal wurde die Hütte umgebaut und erweitert und trägt seit 1972 ihr heutiges Äußeres. Der Sessellift am Feuerberg wurde 1969 errichtet und brachte der Hütte zusätzliche Besucher. Neben den Skifahrern fühlen sich jedoch auch Langläufer in den Loipen oder Mountainbiker im Sommer hier wohl. Die mit grauen Schindeln verzierte Hütte besteht aus einem Haupthaus mit einem flachen

Hüttenführer Rhön

Satteldach sowie einem Anbau mit Pensionszimmern. Neben Einzel- und Doppelzimmern existieren auch einige Mehrbettzimmer für größere Gruppen, so dass hier sowohl kleinere und größere Wandergruppen als auch Familien eine willkommene Herberge inmitten der Natur finden. Der großzügige Gastraum ist rustikal gemütlich und bietet neben kleineren Mahlzeiten, deftigen Brotzeiten auch einige Hauptgerichte. Im Sommer lockt der Biergarten die Erwachsenen und die Kinder ein moderner großer Spielplatz. Bei Skibetrieb und an Wochenenden ist die Kissinger Hütte manchmal bis auf den letzten Platz belegt, was bei diesem Premiumziel in der Rhön jedoch nicht verwundert!

Anfahrt / Wandermöglichkeiten: Mit dem PKW zu erreichen ist die Kissinger Hütte von Westen kommend über die A7 Abfahrt Bad Brückenau, anschließend Richtung Wildflecken fahren und im Ort Oberbach nach rechts Richtung Stangenroth / Gefäll abbiegen. Nun verläuft die Straße auf den Bergkamm der Schwarzen Berge und knapp 100 m hinter der Passhöhe geht ein kleiner Forstweg durch das Basaltwerk hindurch Richtung Kissinger Hütte. Diesem nicht geteerten aber befestigten Weg folgt man knapp 2 km. Schöne Wanderungen kann man sowohl von der Hütte aus, als auch vom Wanderparkplatz auf der Passhöhe, durch das Naturschutzgebiet Schwarze Berge starten. Vom Tal her lässt sich die Kissinger Hütte am schönsten von Wildflecken aus, Markierung „gelber Tropfen" in knapp 8 km erreichen.

Nr. / Anschrift :	(43) / Kissinger Hütte, 97657 Sandberg - Langenleiten
Geodaten / Höhenlage:	50° 20' 35.08" N - 9° 56' 31.76" E / 825m
Tel./Internet:	09701 286 / kissinger-hütte.de
Öffnungszeiten:	Di-So ab 10 Uhr (November geschlossen)
Plätze innen / außen:	80 / 100
Erreichbarkeit / Kategorie:	PKW / Restaurant und Pension

Hüttenführer Rhön

Das Kloster Kreuzberg ist das bekannteste Ausflugziel der Rhön und zieht Touristen nahezu magnetisch an. Daran war 1681, als einige Franziskanermönche knapp unterhalb des Kreuzberges eine Wallfahrtskirche und das Kloster errichteten, noch nicht zu denken. Der höchste Berg der Bayerischen Rhön ist seit der Missionierung im 7. Jahrhundert durch St.Kilian der heilige Berg der Franken und die drei steinernen Gipfelkreuze das Ziel von jährlichen Wallfahrten. Der waldfreie Gipfel, auf dem auch ein Sendemast des Bayerischen Rundfunks steht, bietet neben der religiösen Tradition auch einen herrlichen Ausblick über weite Teile der Bayerischen und Hessischen Rhön.

Die zahlreichen Besucher werden in der Klostergaststätte, dem Cafe Elisäus und bei gutem Wetter im Biergarten empfangen und dort mit deftigen bayerischen Spezialitäten verköstigt. Gute Hausmannskost zu fairen Preisen. Neben der sehr guten Erreichbarkeit, sorgen die architektonische Schönheit der Klosteranlage und das nur hier gebraute einzigartige

Hüttenführer Rhön

Kreuzbergbier für den Bekanntheitsgrad weit über die Grenzen der Rhön hinaus.

Bereits 1731 fingen die Mönche an eine Brauerei zu errichten und die eintreffenden Pilger wurden noch bis in die 20er Jahre des letzten Jahrhunderts gratis mit dem Klosterbier versorgt. Später kamen immer mehr Pilger und Besucher zum Kreuzberg. Auch wenn das Bier seit dem nur noch gegen Entgelt abgegeben wird, hat man den naturnahen Ausbau des Gerstensaftes, die unfiltrierte Abfüllung sowie die maßvolle Produktion (derzeit jährlich 8500hL) beibehalten. Kreuzbergbier wird nicht in 0,5L Flaschen verkauft, sondern nur direkt in Krügen vor Ort gezapft oder als ganzes Fass verkauft. Das klassische Kreuzbergbier ist ein süffiges, würziges untergäriges Dunkelbier von kupferbrauner Farbe. Daneben wird auch in geringen Mengen ein Pilsbier, zur Weihnachtszeit ein Weihnachtsbockbier sowie ein obergäriges Hefeweizen produziert. In Zeiten zunehmender Gleichschaltung der Industriebiere aus Riesenkonzernen deren Produktion mehrere Millionen Hektoliter umfasst, eine willkommene Abwechslung.

Neben den kulinarischen Höhepunkten sollte sich der Besucher natürlich auch einen Blick in die Klosterkirche, in der täglich um 7.30Uhr ein Gottesdienst stattfindet, nicht entgehen lassen. Die mittlerweile noch sechs ansässigen Franziskanermönche werden heutzutage von knapp 50 weltlichen Angestellten bei der Bewältigung des Wirtschaftsbetriebes unterstützt. Dazu gehört auch eine Unterbringung für Pilger und Wanderer. Es existieren 20 Pensionsbetten im Fürstenbau sowie weitere 70 Betten in einfacheren Mehrbetträumen in weiteren Anbauten. Da es sich um ein Kloster handelt, sollte die Anreise nicht nach 18 Uhr erfolgen. Ab 22 Uhr gilt strenge Nachtruhe.

Hüttenführer Rhön

Anfahrt / Wandermöglichkeiten: Die Anfahrt zum Kloster erfolgt über Bischofsheim aus dessen Ortsmitte eine ausgeschilderte Kreisstraße in ca. 5 km zum gebührenpflichtigen Parkplatz (1,5 Euro pro PKW) führt, der sich ca. 200 m unterhalb des Klosters befindet. Alternativ kann man auch über Wildflecken anfahren, dann zunächst Richtung Oberwildflecken und von dort aus weiter zum Abzweig der Kreisstraße zum Kreuzberg. Nicht entgehen lassen sollte man sich den Aufstieg zum Gipfel des Kreuzberges, der selbstverständlich auch über den Premiumweg Hochrhöner zu erreichen ist. Der Weg vom Kloster geht über Treppenstufen und Geländer knapp 80 Höhenmeter und 500 m Wegstrecke recht steil bergauf. Ebenfalls sehr zum empfehlen ist eine "Drei-Hütten-Tour", vom Kloster über den Gipfel der Ausschilderung zum Neustädter Haus folgen und von dort über die Gemündener Hütte zurück zum Parkplatz, insgesamt ca. 6 km.

Nr. / Anschrift :	**(39)**, Kloster Kreuzberg, 97653 Bischofsheim
Geodaten / Höhenlage:	50° 22' 15.72" N - 9° 58' 33.13" E / 870m
Tel./Internet:	09772 91240 / kreuzbergbier.de
Öffnungszeiten:	täglich 8-20 Uhr
Plätze innen / außen:	300 / 300
Erreichbarkeit / Kategorie:	PKW / Restaurant und Pension

Hüttenführer Rhön

Cafe Elisäus rechts im Bild und das Kloster links im Hintergrund

Hüttenführer Rhön

Gaststätte zur Lichtenburg

Der 37m hohe Bergfried der Lichtenburg der sich auf dem knapp 500m hohen Schlossberg erhebt, ist das weithin sichtbare Wahrzeichen von Ostheim. Vom begehbaren Turm der Anlage (1 Euro, Schlüssel im Restaurant) hat man einen einzigartigen Panoramablick zu den sanften Gipfeln der Langen Rhön im Westen (Heidelstein, Rother Kuppe), zur Hohen Geba im Norden und über das gesamte Grabfeld. Die Burg selber ist in etwa so alt wie das nahe historische Kleinstädtchen. Ursprünglich Hennebergisch, wechselte die imposante Anlage mehrmals ihren Besitzer und war in ihrer Hochzeit vom 14-16. Jahrhundert eine stattliche Anlage mit doppeltem Mauerring, dreiflügeliger Kernburg samt großen Palas, einer Kapelle und Wirtschaftsgebäuden. Trotz Plünderung im dreißigjährigen Krieg und anschließendem Verfall, erhält man anhand der erhaltenden Gebäudeteile noch eine gute Vorstellung von der ehemaligen Größe. Damit dies auch so bleibt kümmert sich die Lichtenburggemeinde (Verein zum Erhalt der Burganlage) um die Instandhaltung.

Hüttenführer Rhön

Die Gasträume der Burg sind an das Ehepaar Leiber verpachtet. Der liebevoll mittelalterlich ausgestaltete Hauptraum mit seiner rustikal gemütlichen Einrichtung versprüht Burgenromantik par excellance, aber auch im Burginnenhof sitzt man sehr gut, in herrlicher Umgebung. Auch das Angebot an Speisen mit saisonal wechselnden Gerichten ist empfehlenswert.

Anfahrt / Wandermöglichkeiten: Zu erreichen ist der Schloßberg und die Lichtenburg mit dem PKW über eine gut ausgebaute Teerstraße aus Ostheim, aus der Ortsmitte über die Alexander- und Friedensstraße zur Burgstraße, welche direkt in ca. 2 km zur Brug führt. Dem bauhistorisch interessiertem Ausflügler sei in jedem Fall ein ausführlicher Stadtrundgang und der anschließende Aufstieg zur Lichtenburg empfohlen. Der eher naturverbundene Wanderer erreicht die Burg über eine gemütliche Tour von Westen durch den Wald am Rande der Königsburg, ca. 3 km.

Nr. / Anschrift :	(32), Schloßberg, Lichtenburg 1, 97645 Ostheim
Geodaten / Höhenlage:	50° 28' 37.84" N - 10° 13' 47.88" E /480m
Tel./Internet:	09777 - 2355 / lichtenburg-ostheim.de
Öffnungszeiten:	Mi-Mo 10-22 Uhr
Plätze innen / außen:	30 / 40
Erreichbarkeit / Kategorie:	PKW / Restaurant

Hüttenführer Rhön

Die Märchenwiesenhütte wirbt für sich selber als günstigstes Ausflugslokal Deutschlands. Und die Preise in der Ski-Rodelhütte sind wirklich günstig. Die Ausflugsgaststätte liegt nordöstlich vom Gipfel der Wasserkuppe, etwas abseits der Hauptwanderwege, direkt am Beginn der Skilifte und der Sommerrodelbahn. Insbesondere für Familien ist das Selbstbedienungslokal eine gute Anlaufstation. Das Angebot reicht von Currywurst über Nudeln bis hin zu Schnitzel mit Pommes. An Wochenenden und bei Skibetrieb ist die Hütte stets gut besucht. Bei gutem Wetter werden auch im Außenbereich Sitzbänke aufgestellt. Errichtet wurde das eineinhalbgeschossige Gebäude mit Anbau bereits 1976 kurz nach der Inbetriebnahme der ersten Sommerrodelbahn am Nordhang der Wasserkuppe.

Dessen Betreiber ist auch der Inhaber der Gaststätte. Neben der Rodelbahn wurden auch die Skilifte in den letzten Jahren ausgebaut und verbessert, so dass die Wasserkuppe von der Vielfältigkeit und Länge der Pisten, als auch vom Komfort der

Hüttenführer Rhön

Primus unter den Rhöner Skihängen ist. Bei schlechter Schneelage sorgt seit ein paar Jahren eine Beschneiungsanlage für genügend „Unterlage".

Anfahrt / Wandermöglichkeiten: Die Wasserkuppe kann man nicht verfehlen, aus allen Himmelsrichtungen ist sie ausgeschildert, von Süden her fährt man über Gersfeld (B284) an, von Westen über Dipperz (B458) und Abtsroda und vom Norden und Osten über Hilders. Vom Infozentrum der Wasserkuppe liegt die Märchenwiesenhütte etwas abseits, ca. 250m nordöstlich (gut ausgeschildert). Selbstverständlich führt der Premiumweg Hochrhöner von Süden aus Richtung Rotem Moor kommend und von Norden aus Richtung Weiherberg und Enzianhütte kommend über den Gipfel. Wenn sie den Gipfelbereich in einer Tagesrundtour erklimmen möchten, sei entweder der Weg über den nahe Poppenhausen gelegenen Wanderparkplatz Heckenhöfchen (ca. 5km HWO 4 folgen) empfohlen oder die Extratour Guckaisee, *Markierung „rotes G"*.

Nr. / Anschrift :	**(54)**, Wasserkuppe 60, 36129 Gersfeld
Geodaten / Höhenlage:	50° 30' 0.79" N - 9° 56' 33.82" E / 920m
Tel./Internet:	06654 8640
Öffnungszeiten:	täglich 9.30-17 Uhr (teilweise bis 18Uhr)
Plätze innen / außen:	50 / 50
Erreichbarkeit / Kategorie:	PKW / Restaurant

Hüttenführer Rhön

Viele behaupten, dass die Milseburg der schönste Berg der Rhön sei. Der weithin sichtbare Gipfel beeindruckt durch seine Form. Auf der Spitze des exponierten Kegels türmen sich gewaltige Phonolithblöcke, die vom vulkanischen Ursprung des Berges zeugen. Vom Gipfelkreuz genießt man einen fantastischen Ausblick ins Fuldaer Land und die Hohe Rhön. Der Name des Berges soll der Sage nach vom hier früher ansässigen Riesen Mils stammen. Fest steht jedenfalls, dass das Gebiet um die Milseburg bereits zu Zeiten der Kelten besiedelt und befestigt war. Näheres hierzu kann man auf dem Kelten-Lehrpfad erfahren.

Aufgrund der oben beschriebenen Einmaligkeit dieses Berges haben sich wohl bereits die Gründer des Rhönklubs kurz nach dessen Konstituierung die Idee in den Kopf gesetzt an diesem Gipfel eine Schutzhütte zu errichten. Die erste Milseburghütte wurde nach kurzer Bauzeit bereits 1884 errichtet und an einen Gastwirt verpachtet. Eine erste größere Erweiterung erfolgte bereits 1925 und damit noch sieben Jahre vor dem Bau der St.

Hüttenführer Rhön

Gangolfskapelle, welche sich ebenfalls im Gipfelbereich befindet. 1953 verursachte ein Blitzeinschlag erhebliche Schäden, danach wurde renoviert und erneut angebaut. Zum Beginn des neuen Jahrtausends gab es Streitigkeiten mit dem Grundbesitzer zu Guttenberg der zwischenzeitlich den Rückbau der Hütte forderte. Letztlich wurde der Grund durch den Landkreis Fulda erworben und die Hütte ist seit 2006 an das Ehepaar Kümpel verpachtet. Im Jahre 2009 feierte die Milseburghütte ihr 125 - jähriges Bestehen und ist somit das sich am längsten in Betrieb befindliche Schutzhaus des Rhönklubs. Sie steht nördlich etwas unterhalb, des Gipfels und ist eine gemütliche Schutzhütte, in der man warme und kalte Getränke sowie kleinere Mahlzeiten erhält. An sonnigen Wochenendtagen sind auch die Bänke vor der Hütte stets gut besucht. Ein Besuch der Milseburg gehört zum Pflichtprogramm für Wanderer in der Rhön!

Anfahrt / Wandermöglichkeiten: Mit dem PKW erreicht man mehrere Wanderparkplätze der Milseburg in unmittelbarer Nähe des Hilderser Ortsteils Danzwiesen, welcher über einen Abzweig der Verbindungsstraße L3379 von Hofbieber-Kleinsassen Richtung Hilders-Eckweisbach erreicht wird. Von dort führt ein befestigter Weg mäßig ansteigend zur Hütte. Alternativ kann man auch den Wanderparkplatz Maulkuppe, nahe der Ortschaft Steinwand ansteuern und von dort am Fuldaer Haus vorbei über den HWO 3 und den HSN 1 in knapp 5 km die Milseburg auf einem bequemen Weg erreichen oder die Zuwegung des Premiumweges Hochrhöner nutzen.

Nr. / Anschrift :	(57), Milseburg, bei 36145 Hofbieber - Kleinsassen
Geodaten / Höhenlage:	50° 32' 42.41" N - 9° 53' 53.24" E / 830m
Tel./Internet:	0151 17841877 / milseburghütte.de
Öffnungszeiten:	täglich 10.30-20 Uhr
Plätze innen / außen:	30 / 80
Erreichbarkeit / Kategorie:	Fußweg – 1km / Imbiss

Hüttenführer Rhön

Neustädter Haus

Das Neustädter Haus ist einer der großen Berggasthöfe die sich im Besitz des Rhönklubs befinden. Größe, Lage und Ausstattung machen es zu einem der schönsten Anlaufpunkte in der gesamten Rhön. Zwischen Käulingsberg und Kreuzberg, dem heiligen Berg der Franken, wurde es im Oktober 1927 inmitten eines großen Waldgebietes auf einer idyllischen Lichtung errichtet. Von diesem ursprünglichen Gebäude ist jedoch nach einem Brand von 1939 nichts mehr übriggeblieben. Die eifrigen Mitglieder bauten das Haus jedoch bereits 1941 wieder auf. Dieses Gebäude wurde 1975 bis auf das Erdgeschoss abgetragen und anschließend das Neustädter Haus in seiner heutigen Form errichtet. Von der großzügigen Terrasse des Neustädter Hauses hat man einen herrlichen Ausblick nach Süden in Richtung Bad Kissingen. Seit 2002 führt die Pächterfamilie Kneipp den stattlichen Berggasthof. Die gute Küche bietet regionstypische Speisen zu angemessenen Preisen. Bei gutem Wetter lohnt sich ein Platz auf der großen Sonnenterasse einzunehmen, dann braucht man nur noch die Seele baumeln lassen um die Schönheit der Rhön zu erfassen.

Hüttenführer Rhön

Neben der Einkehrmöglichkeit bietet das Neustädter Haus auch größeren Wandergruppen die Möglichkeit zur Unterkunft. In dem herrlichen Wanderheim stehen insgesamt 60 Betten zur Verfügung. Das Angebot reicht vom Doppelzimmer mit Dusche bis zum Mehrbettzimmer mit acht Betten.

Anfahrt / Wandermöglichkeiten: Das Neustädter Haus ist mit dem PKW über einen geteerten Waldweg erreichbar, der von der Staatsstraße 2298 zwischen Bischofsheim und Sandberg abzweigt (Ausschilderung beachten). Für den Biker und Wanderer ergeben sich zahlreiche gut markierte Möglichkeiten, um sich dem Neustädter Haus zu näheren. Praktisch aus allen Himmelsrichtung führen Wanderwege dorthin. Zum einen bieten sich vom Neustädter Haus Rundwanderungen zur nahe gelegenen Gemündener Hütte, dem Kloster und dem Kreuzberg an. Zum anderen empfiehlt sich eine Wanderung von Bischofsheim am Nordhang des Kreuzberges, vorbei an der Drei Tannen Alm zum Neustädter Haus, ca. 5 km einfache Strecke.

Nr. / Anschrift :	(57), Neustädter Haus 1 , 97653 Bischofsheim
Geodaten / Höhenlage:	50° 22' 24.69" N - 10° 0' 7.72" E / 750m
Tel./Internet:	09772 1220 / neustaedter-haus.de
Öffnungszeiten:	Di-Do, So 10-18 Uhr, Fr-Sa 10-23 Uhr
Plätze innen / außen:	75 / 100
Erreichbarkeit / Kategorie:	PKW / Restaurant und Pension

Hüttenführer Rhön

Der Öchsen bei Vacha ist der nördlichste Berg der Rhön. Dort wo die Werra die natürliche Abgrenzung der Region darstellt, erhebt sich der mächtige Basaltkegel auf 627m ÜNN. Früher muss der Öchsen noch beeindruckender gewesen sein, aber durch den Basaltraubbau wurden selbst Teile des Gipfels abgetragen. Seit jeher ist der Öchsen ein beliebter Ausflugsberg, von dem man ein herrliches Panorama über die Rhön, nach Waldhessen und zum Thüringer Wald hat. Bereits 1876 wurde ein hölzerner Pavillon samt Aussichtsplattform errichtet. Um 1900 wurden durch den Vachaer Rhönklub dann am Gipfel ein mächtiger Basaltturm errichtet, der nach Bismarck benannt wurde. Wenig später ersetzte eine neue Hütte den alten Pavillon. Diese wurde 1930 durch einen Brand beschädigt und 1937/38 als massives Berghaus neu eröffnet. Samt Turm war es eine der schönsten Hütten der gesamten Rhön. Nach dem Krieg fand noch bis 1963 eine Bewirtung statt, ehe der Gipfel aufgrund der Grenznähe und des Basaltabbaus gesperrt

Hüttenführer Rhön

wurde. Im Jahre 1978 wurde die Hütte abgerissen, als auch der Turm gesprengt. Nach der Wende bemühte sich der wiedergegründete Rhönklub Vacha um den Erhalt des Öchsen und zumindest eine Wiederaufnahme des Basaltabbaus wurde vehindert. 1999 konnte eine neue Hütte eingeweiht werden, die wenig später durch Brandstiftung zerstört aber durch die Mitglieder kurze Zeit später wiederaufgebaut wurde. Die beschauliche neue Öchsenberghütte mit einem schönen Giebeldach samt überdachtem Vorbau steht etwas unterhalb des Gipfels am Weg der Hochrhöner Extratour „Keltenpfad" und wird durch die engagierten Mitglieder des Rhönklubs betrieben. Neben heißen und warmen Getränken gibt es meist auch einem kleinen Imbiss.

Anfahrt / Wandermöglichkeiten: Den Gipfel erreicht man entweder zu Fuß oder mit dem Rad von Vacha aus, oder über Sünna und das Kelten – Hotel (Anfahrt siehe dort). Die Straße zum Öchsen ist dem Forstverkehr vorbehalten. Vom Vachaer Marktplatz beginnt die knapp 5 km lange Wanderung über den mit *„rotes Dreieck"* markierten Hauptwanderweg Nord – Süd (HSN). Diesen Wanderweg muss man allerdings knapp unterhalb des Gipfels, der Ausschilderung folgend zur höchsten Erhebung verlassen.

Nr. / Anschrift :	(1), Am Öchsenberg, 36404 Vacha
Geodaten / Höhenlage:	50° 48' 3.51" N - 10° 1' 35.36" E / 580m
Tel./Internet:	036962 21009 / rhönklub-vacha.de
Öffnungszeiten:	So 10-18 Uhr
Plätze innen / außen:	25 / 30
Erreichbarkeit / Kategorie:	Fußweg – 2km / Imbiss

Hüttenführer Rhön

Hotel & Restaurant "Peterchens Mondfahrt"

Das weiße Kuppelradom ist das weithin sichtbare Wahrzeichen der Wasserkuppe. Der mit 950 m ÜNN höchste Berg der Rhön ist eine lang gezogene und größtenteils waldfreie Kuppe, deren Gipfel sich nur sanft von seiner Umgebung abhebt. Die Wasserkuppe wurde bereits früh zu verschiedenen Zwecken sehr gut erschlossen. Seit 1922 führt eine Straße hinauf und es wurden zahlreiche Gebäude errichtet. Sie werden für Sport und Tourismus, einige wenige auch für militärische Aufgaben genutzt. Auch der Deutsche Wetterdienst hat hier eine Außenstation. Vor allem ist die Wasserkuppe als Zentrum des Segelsports bekannt. In Gipfelnähe befinden sich eine Startbahn, von der aus Rundflüge gestartet werden können, und das Deutsche Segelflugmuseum (in der Hauptsaison tägl. von 9-17Uhr). Darüber hinaus gibt es eine Sommerrodelbahn und ein Skizentrum inklusive Liftanlagen. Der Besuch der Wasserkuppe ist äußerst lohnenswert und bietet vielfältige Möglichkeiten gerade für Familien, Sportbegeisterte und auch mobilitätseingeschränkte Personen. Nicht entgehen lassen sollte man sich die Gipfelrunde. Sie führt vom Hauptparkplatz

Hüttenführer Rhön

leicht ansteigend auf bequemen Wegen in 1,5 km zum Radom und Fliegerdenkmal und bietet eine herrliche Fernsicht über weite Teile der Rhön. Darunter das Fuldaer Land, die Milseburg und natürlich die Kreuzbergrhön.

Und am Rande des "Dorfes" Wasserkuppe, direkt an der Hochrhönstraße gelegen befindet sich Hessens höchstes Berghotel. Sowohl optisch als auch kulinarisch hat es wenig gemein mit einem traditionellen Berghotel. Die erste Schutzhütte soll bereits 1879 im Gipfelbereich gestanden haben, aber die Ursprünge von „Peterchens Mondfahrt", dass nach einem gleichnamigen Kindermärchen von Gerdt von Bannewitz benannt ist, liegen in der Errichtung des Gebäudes im Jahr 1924. Nach einer Modernisierung in den letzten Jahren erhielt das Restaurant mit kleinem Hotelbetrieb das heutige zeitgemäße Äußere. Gourmetkoch Andreas Rau interpretiert die Rhöner Küche modern und auf höchstem Niveau unter der Verwendung frischer regionaler Produkte. Das gehobene Preislevel ist für die gebotene Qualität mehr als gerechtfertigt. Zum Restaurant gehört auch eine gemütliche große Sonnenterasse, von der man auf bequemen Sitzgelegenheiten bei Eis, Kaffee, Kuchen und kleinen Snacks das Treiben der Segelflieger beobachten kann. Neben dem Restaurantbetrieb wird auch ein Hotel betrieben, in 20 komfortablen Zimmern kann man übernachten. Und wer es doch etwas rustikaler mag, kann im benachbarten Berghotel Deutsche Flieger speisen und absteigen, welches von denselben Betreibern geführt wird.

Anfahrt: *siehe Märchenwiesenhütte Seite 62*

Nr. / Anschrift :	(53), Wasserkuppe, bei 36129 Gersfeld
Geodaten / Höhenlage:	50° 29' 55.45" N - 9° 56' 49.95" E / 910m
Tel./Internet:	036654 7007 / peterchens-mondfahrt.de
Öffnungszeiten:	Mo-So 7-23 Uhr
Plätze innen / außen:	120 / 100
Erreichbarkeit / Kategorie:	PKW / Restaurant und Hotel

Hüttenführer Rhön

Hüttenführer Rhön

Der Pleß ist die höchste Erhebung inmitten eines größeren zusammenhängenden Waldgebietes bei Bad Salzungen im Nordosten der Rhön. Weithin sichtbar ist der Pleßgipfel durch seinen markanten Aussichtsturm, den einzigen seiner Art in der Thüringischen Rhön. Sowohl die Wanderhütte als auch der Turm haben eine bewegte Geschichte hinter sich, die wesentlich durch die politischen Umstände in der DDR beeinflusst wurden. Ein erstes, Hirschhaus genanntes, Gebäude wurde in der Pleßgegend bereits 1701 errichtet. 1866 ließ der Meininger Herzog Georg II. ein Jagdschlösschen ca. einen Kilometer unterhalb des Gipfels errichten. Dieses imposante Fachwerkhaus mit seinen charakteristischen drei Gauben auf der Rückseite wurde dann ab 1918 als öffentliche Gaststätte betrieben und entwickelte sich schnell zum beliebten Treffpunkt für Wanderer. Es ist sicherlich eine der schönsten Wanderhütten der gesamten Rhön gewesen.

In der Folgezeit wurde 1923 ein hölzerner Aussichtsturm auf der Pleßspitze errichtet. Betrachtet man Bilder dieses ersten Turms heute, erscheint er wie ein fragiles Gebilde aus Holzverstrebungen mit überdachter Aussichtskanzel. Der nicht sonderlich stabile Eindruck trug nicht, während eines Sturmes 1934 stürzte er ein. Bereits 1936 machte man sich an die Errichtung eines neuen Turms, diesmal mit steinernem Fundament und hölzerner Verkleidung. Doch auch am zweiten Turm und an der Gaststätte im Jagdhaus hatten die Rhöner nicht sehr lange Freude. 1962 erklärte das totalitäre Regime der DDR das Pleßgebiet zur militärischen Sperrzone. Fortan war der Hausberg der Breitunger nicht mehr begehbar und der Pleßturm wurde abgerissen. Von dieser traurigen Zeit zeugt noch heute die leerstehende Kaserne unweit des Gipfels am Rande der Pleßwiese. Praktisch als Mahnmal der Geschichte verunstaltet dieser trostlose Betonklotz noch heute das ausgedehnte Waldgebiet.

Überreste des alten Pleßhauses konnten engagierte Breitunger Bürger 1972-74 retten, indem sie es abtrugen und am Seeblick

Hüttenführer Rhön

neu errichteten (siehe Kapitel Jagdhaus Seeblick), vom alten Pleßhaus zeugen heute nur Reste des steinernen Fundaments. Der Gipfel des Pleß war erst ab 1991 wieder zugänglich und der Breitunger Rhönklub machte sich alsbald daran eine neue Schutzhütte zu errichten. Als Provisorium konnte im gemauerten Sockel des zweiten Pleßturms eine recht beschauliche Hütte errichtet werden.

Im Oktober 1999 war es endlich soweit, das Wahrzeichen des Pleß wurde wieder errichtet. Der funktionale dritte Pleßturm wurde optisch nach dem Vorbild des Zweiten errichtet, er ist zwar keine Schönheit aber zweckmäßig, die konisch zu laufenden Turmmauern enden mit einer überdachten windgeschützten Kanzel. Zu den Öffnungszeiten der Hütte besteht auch die Möglichkeit der Besteigung. Und der mühsame Aufstieg der Treppen lohnt. Bei guter Sicht bietet sich ein einzigartiger Fernblick in alle Himmelsrichtungen. Vor wenigen Jahren wurde dann die Hütte im Sockel des alten Turms zu klein und am Rande des Gipfelbereichs wurde eine neue Wanderhütte errichtet. Diese bietet einen zweckmäßigen Gastraum in dem, die ehrenamtlich tätigen, Mitglieder des Rhönklubs am Wochenende Wanderer empfangen. Neben Getränken gibt es auch Würstchen und teilweise hausgemachte Soljanka oder Erbsensuppe. Zur Pleßhütte führt keine öffentliche Straße, somit bleiben Wanderer und Mountainbiker unter sich.

Hüttenführer Rhön

Anfahrt / Wandermöglichkeiten: Der Aufstieg durch die herrliche Waldlandschaft ist nur zu Fuß oder per Fahrrad zu bewältigen. In den Startorten befinden sich Wanderparkplätze. Die kürzeste Route führt von Rosa, über die Pleßstraße anschließend *Markierung „weiß-grün-weiß"* hinauf. Der bequemste Weg startet in Breitungen OT Knollbach, ca. 6 km, und ist ausgeschildert. Selbstverständlich führt auch der Premiumweg Hochrhöner über den Pleßgipfel, entweder von Bernshausen kommend, ein Abstecher zum Basaltgipfel der sagenumwobenen Stoffelskuppe sei wärmstens empfohlen, oder über den Polsambachgrund von Langenfeld ist der Pleß gut erreichbar.

Nr. / Anschrift :	**(8)**, Pleß, bei 98597 Breitungen / Werra
Geodaten / Höhenlage:	50° 44' 38.17" N - 10° 14' 29.69" E /644m
Tel./Internet:	036848 80202 / rhoenklub-breitungen.de
Öffnungszeiten:	Sa 13-18 Uhr, So 10-18 Uhr
Plätze innen / außen:	45 / 50
Erreichbarkeit / Kategorie:	Fußweg - 4km / Imbiss

Hüttenführer Rhön

Der Rauschenberg bei Petersberg ist zwar mit seinen 471 Höhenmetern bei weitem kein Riese, aber trotzdem ein weithin sichtbarer bewaldeter Bergrücken und der Hausberg von Petersberg und der Barockstadt Fulda. Ein jeder der die A7 bei Fulda befahren hat, hat unweigerlich schon einen Blick auf den nahen Rauschenberg geworfen. Wenn man dann am Hang des Rauschenberges an der Rauschenberghütte steht, fühlt man sich schon ein bisschen „Rhön". Dies liegt an dem herrlichen Ausblick auf Petersberg mit der beherrschenden Liobakriche und ostwärts auf die Berge der Hessischen Rhön. Ich kenne keinen zweiten Platz in der Rhön, der einen solch ungehinderten Blick auf den Dadenberg, die Milseburg, die Maulkuppe und die Wasserkuppe ermöglicht. Dieser Panoramablick war wohl ein Hauptgrund die Rauschenberghütte genau an dieser Stelle zu errichten. In den 60er Jahren hat die Stadt Petersberg in Zusammenarbeit mit dem Landkreis Fulda das Naherholungsgebiet Rauschenberg durch ein Wegenetz, Wanderparkplätze und der Errichtung der Schutzhütte erschlossen. Seit 1967 ist die

Hüttenführer Rhön

eineinhalbgeschossige, an den Hang gebaute Hütte der Öffentlichkeit zugänglich. Die Mitglieder des Rhönklubvereins Petersberg bewirtschaften ehrenamtlich die Hütte an Wochenenden und bieten dem Ausflügler kleinere Speisen und Getränke. Auch an Wochentagen bietet die überdachte Terrasse einen schönen Platz zum Verweilen und Picknicken.

Anfahrt / Wandermöglichkeiten: Die Rauschenberghütte ist nicht sonderlich gut ausgeschildert, sie zu finden erfordert etwas Geschick. In der Ortsmitte von Petersberg biegt man an der zentralen Kreuzung Rabanus-Maurus-Straße Ecke Bergstraße, in die letztgenannte nach links um nach knapp 200 m rechts in die Brauhausstraße Richtung Rathaus zu fahren. Nun folgt man einfach dem Verlauf der Straße, die bald zur Friedensstraße wird bis zum Ortsende, etwas über 1 km. Dort parkt man sein Auto rechts auf den Wanderparkplätzen und sieht linker Hand bereits den Rauschenberg und seine Hütte. Von hier sind es zu Fuß knapp 500 m leicht ansteigend auf einem asphaltierten Weg. Als Wandermöglichkeit bietet sich eine Umrundung des Naherholungsgebietes Rauschenberg oder das Erklimmen des Gipfels an, recht steil und nur mäßig befestigt. Auf dem Gipfel lockt dann ein ca. acht Meter hoher zugänglicher Wachtrundturm.

Nr. / Anschrift :	**(63)**, Am Rauschenberg, bei 36100 Petersberg
Geodaten / Höhenlage:	50°34'4.14"N - 9°42'47.68"E / 410m
Tel./Internet:	0661 607456 / -
Öffnungszeiten:	Sa-So ab 11 Uhr
Plätze innen / außen:	40 / 80
Erreichbarkeit / Kategorie:	Fußweg 0,5 km / Imbiss

Hüttenführer Rhön

Hier ist man noch mitten in der Natur. Wenn man den Blick schweifen lässt, liegt einem Kaltenlengsfeld, welches malerisch von umliegenden Kuppen eingerahmt wird, zu Füßen und man fühlt regelrecht die Schönheit der Landschaft voller Buchenmischwälder mit ihren sanften Berghängen. Fernab jeglicher Verkehrsströme befindet sich die Ski-, Wanderhütte am 701m hohen Umpfenberg. Die holzverkleidete eineinhalbgeschossige Hütte befindet sich ca. ein Kilometer in südöstlicher Richtung unterhalb des Gipfels und ist ganzjährig geöffnet.

Ursprünglich wurde sie als Sportlerheim für Skisportler errichtet und nach der Wende als Berghütte umfunktioniert. Pächterin Barbara Josiger empfängt ihre Gäste auf der Veranda oder im gemütlichen Gastraum mit Kamin. Auf der Speisekarte stehen neben einfachen Gerichten aus heimischen Produkten auch Kaffee und Kuchen. Die Rhön-Brise ist selten so überlaufen, wie viele andere verkehrstechnisch günstiger gelegene Hütten in der Region. Und es ist eine der wenigen Hütten in der

Hüttenführer Rhön

Thüringischen Rhön, die auch eine einfache Übernachtungsmöglichkeit für Mehrtagestouren oder Urlauber bietet.

Anfahrt / Wandermöglichkeiten: Kaltenlengsfeld in der Thüringischen Rhön erreicht man über Kaltennordheim. Innerhalb der Ortschaft führt ein knapp 2 km langen Fahrweg, der nicht geteert aber bei guter Witterung befahrbar ist, zur Hütte. Neben einer Wanderung von der Ortsmitte ist sie auch von Kaltennordheim über den Dachstein zu Fuß über die Markierung *„grüner Tropfen"*, und *„weiß-rot-weiße Fahne"* , ca. 4 km, erreichbar. Ebenfalls kann man eine Wanderung zur benachbarten Fischbacher Hütte am gegenüberliegenden Hang des Umpfen (701m üNN) starten. Hierzu von der Rhön-Brise der Markierung *„weiß-rot-weiße Fahne"* über den Gipfel folgen und dann an der Wegkreuzung nach ca. 1 km diesen Weg nach links, der Markierung *„grünes Dreieck"* folgend verlassen. Nach weiteren 600 m absteigend erreicht man die Hütte.

Nr. / Anschrift :	**(18)**, Am Umpfen 12, 36452 Kaltenlengsfeld
Geodaten / Höhenlage:	50° 38' 30.72" N - 10° 10' 18.69" E /650m
Tel./Internet:	036966 83820 / rhoenbrise.rh.funpics.de
Öffnungszeiten:	Mi-So 11-22 Uhr
Plätze innen / außen:	40 / 80
Erreichbarkeit / Kategorie:	PKW / Imbiss

Hüttenführer Rhön

Haus am Roten Moor

In der Nähe von Gersfeld inmitten der Hohen Rhön zwischen Heidelstein und Wasserkuppe liegt auf einer Hochebene das Naturschutzgebiet des Roten Moores. Am gut erreichbaren großzügigen Wanderparkplatz befindet sich seit 2004 das Informationszentrum. Das in Holzrahmenbauweise errichte eingeschossige Gebäude mit Giebeldach ist ein gemeinsames Projekt des Naturschutzbundes Hessen (NABU), des Landkreises Fulda, der Stadt Gersfeld und dem Verein SKG Gersfeld. Träger der Hütte ist der NABU Hessen, der sich für die Erhaltung des Roten Moores einsetzt und ein umfassendes Informations- und Weiterbildungsangebot anbietet. Die Wasserversorgung ist durch einen eigens errichtenen Tiefbrunnen, die Energieversorgung durch ein Pflanzenkraftwerk sichergestellt. Das Haus ist Anlaufstelle für Naturliebhaber, Biologen und Geologen, Skilangläufer sowie für Wanderer und Ausflügler. Im Innenbereich und auf der Terrasse serviert die Pächterfamilie Adolph ein gelungenes Angebot aus hausgemachten Spezialitäten, wie zum Beispiel der Rhöner Lammbratwurst und Blechkuchen. Im Winter

Hüttenführer Rhön

verleihen die Pächter komplette Skiausrüstungen, so können die nahe gelegene Loipen genutzt werden.

Das Rote Moor ist eines von zwei Hochmooren im Bereich der Rhön und ist mit einer Fläche von knapp 50 ha das größte Hessens. Gute 175 Jahre wurde in diesem Bereich Torf abgebaut. Erst 1978 wurde das Gebiet zum Naturschutzgebiet erklärt und der Abbau des Torfes nach und nach beendet. Es folgten umfassende Renaturierungsarbeiten und die Anlegung eines Bohlenpfades. Auf diesem 1,2 km langen Pfad, der zuletzt 2007 umfassend erneuert wurde und auch für Rollstuhlfahrer geeignet ist, kann man das Moor durchqueren. Auf Informationstafeln erfährt man viel Interessantes über Geschichte, Flora und Fauna dieses Naturschutzgebietes. Höhepunkte der Runde sind zweifellos der gestaute Moorsee und der acht Meter hohe Holzaussichtsturm.

Anfahrt / Wandermöglichkeiten: Zu erreichen ist das Rote Moor über die Bundesstraße 278 auf halber Strecke zwischen Wüstensachsen und Bischofsheim. Der Parkplatz mit dem Haus befindet sich direkt an der Bundesstraße und ist gut ausgeschildert. Von hier bieten sich neben der Erkundung des Roten Moores selber, eine Vielzahl an interessanten Touren an, zum Beispiel eine Wanderung zum nahe gelegenen Heidelstein mit seinem markanten Sendemast und dem anschließenden Weiterweg zum Holzberghof, ca. 6 km, gut ausgeschildert.

Nr. / Anschrift :	(52), Am Roten Moor, bei 36129 Gersfeld
Geodaten / Höhenlage:	50° 27' 37.65" N - 9° 59' 10.13" E / 840m
Tel./Internet:	09772 930517 / hausamrotenmoor.de
Öffnungszeiten:	Di-So 10-17 Uhr
Plätze innen / außen:	40 / 60
Erreichbarkeit / Kategorie:	PKW / Imbiss

Hüttenführer Rhön

Der Aussichtsturm Rother Kuppe, auf dem Gipfel des gleichnamigen Berges gelegen, thront als weithin sichtbares Wahrzeichen und Vorbote der Hohen Rhön, wenn man sich dem Mittelgebirge aus dem Grabfeld um Mellrichstadt nähert. Der bewaldete Gipfel ist zwar bei weitem nicht die höchste Erhebung der Region, aber einer der ersten Bergsporne, der sich recht steil über den langsam ansteigenden Waldhängen erhebt und somit eine prächtige Aussicht ins weite Grabfeld ermöglicht. Bereits 1891 hatten die Mitglieder des Rhönklub Zweigvereins aus Nordheim einen ersten Aussichtsturmes errichtet. Dieser stürzte jedoch im Zweiten Weltkrieg ein. Danach war ein gutes Jahrzehnt Ebbe auf der Kuppe, ehe man 1955 einen zweiten, hölzernen Aussichtsturm errichtete. Doch dieser hatte nicht lange bestand, aus Sicherheitsgründen wurde er später wieder abgetragen. 1968 entstand der heutige Betonturm, der mit braunen Schindeln verziert ist. An der Spitze des Turmes (Besteigung zu Fuß möglich, 50 Cent) befindet sich eine überdachte rundum durch Aussichtsfenster geschützte Plattform. Diese bietet bei gutem Wetter einen Panoramablick

Hüttenführer Rhön

auf die benachbarte Thüringer Hütte sowie zum Gangolfsberg und der Hohen Geba. Eine Fernsicht zu den höchsten Gipfel der Rhön ist jedoch nicht möglich, da sich diese westlich und südlich hinter dem, höher als der Turm gelegenen, Bergrücken der Hohen Rhön verstecken.

Im ebenerdigen Bereich des Turmes befindet sich die großzügige Wandergaststätte, die der Rhönklub an das Ehepaar Hohmann verpachtet hat. Hier kann man gut bürgerlich speisen und sich auf der Sonnenterasse erholen. Im Turm selber befinden sich zwei Pensionszimmer, die über das Restaurant gebucht werden können.

Anfahrt / Wandermöglichkeiten: Die Rother Kuppe liegt inmitten der Hochrhön bei dem kleinen Ort Roth Die Anfahrt erfolgt am besten über Mellrichstadt und die B285 bis Nordheim, dann in Nordheim der Beschilderung "Rhön-Park-Hotel" folgen und über Stetten nach Roth und anschließend die geteerte Straße bis zum Gipfel fahren. Eine weitere Möglichkeit ist die Anfahrt über die Hochrhönstraße zwischen Fladungen und Bischofsheim, dort befindet sich der Abzweig von Fladungen kommend ca. 2 km hinter dem Schwarzen Moor. Der Wanderfreund kann seinen PKW in Sondheim stehen lassen und die Rother Kuppe über den beschilderten Weg mit der Markierung *"blauer hohler Tropfen"* nach knapp 4 km erreichen. Von der Hochebene aus bietet sich eine Rundwanderung zum Gangolfsberg und den benachbartem Schweinfurter Haus und der Thüringer Hütte an.

Nr. / Anschrift :	**(27)**, Rother Kuppe, 97647 Hausen
Geodaten / Höhenlage:	50° 28' 51.54" N - 10° 6' 9.65" E / 711m
Tel./Internet:	09779 850235 / -
Öffnungszeiten:	Di-So ab 11 Uhr
Plätze innen / außen:	80 / 30
Erreichbarkeit / Kategorie:	PKW / Restaurant und Pension

Hüttenführer Rhön

Die Roßberghütte gehört zu den am wenigsten bekannten Hütten der Rhön. Das mag an ihrer Größe oder der abgelegenen Lage liegen. Dennoch ist sie auf jeden Fall einen Besuch wert. Der Ort Wiesenthal zieht vor allem Touristen an, die einen Urlaub in einer strahlungsarmen Gegend verbringen wollen. Der Talkessel, der den Ortskern umgibt, bildet einen natürlichen Schutz vor Handy- und Elektrostrahlen. Am Waldrand des Naturschutzgebietes Wiesenthaler Schweiz befindet sich etwas versteckt die kleine Wanderhütte, welche bereits 1967 erbaut wurde. Zuvor hat die Hütte im Ortskern gestanden und war eine Lagerstätte für den Export von Weinbergschnecken. Als diese Nutzung entfiel, versetzte die örtliche Jägergesellschaft die Hütte an den heutigen Standort und nutzte sie über drei Jahrzehnte als Jagdhütte. Anschließend lag die Hütte brach. Durch den Roßberg-Hüttenverein wurde in ehrenamtlicher Arbeit die Hütte grundlegend renoviert und mit einer Veranda erweitert. Die eingeschossige Hütte bietet im Gastraum gerade einmal 25 Personen Platz. Aber gerade diese "Größe" abseits der Massen

Hüttenführer Rhön

von Sonntagsausflüglern macht den Charme der Roßberghütte aus. Auf den Wanderbänken vor der Hütte kann man hervorragend picknicken und dabei einen schönen Ausblick auf den Nebelberg, den Baier und Wiesenthal genießen. Die Hütteneröffnung findet nun seit 2006 jedes Jahr am 1.Mai statt und zieht Dutzende Ausflügler an. An jedem Sonntag der Saison öffnen die Vereinsmitglieder die Hütte für die Öffentlichkeit und bieten neben Erfrischungsgetränken und kleinen Speisen auch Kaffee und Kuchen an.

Anfahrt / Wandermöglichkeiten: Im Ort Wiesenthal fährt man in der Ortsmitte an einer Zickzackkurve von Dermbach kommend rechts in die Schulzengasse, an der nächsten Kreuzung zunächst links und dann gleich wieder rechts in Steingasse, welche im weiteren Verlauf auf die Pfarrer-Carlsson-Straße führt. Dieser Straße folgend führt der Weg ab Ortsausgang zur Hütte nun noch knapp 1,5 km über einen Feldweg den man nur einem geländegängigen PKW zumuten sollte. Daher besser den PKW am Ortsausgang stehen lassen und zur Fuß oder mit dem Fahrrad die Hütte erkunden. Hervorragend verbinden lässt sich der Besuch mit einer Wanderung von der Roßberghütte zur nur knapp 2 km östlich gelegenen Roßhofhütte oder eine Tour über den Hang des Neuberges zum Ibengarten, einer in Deutschland einzigartigen Population von über 400 Eiben.

Nr. / Anschrift :	(12), Am Roßberg, bei 36466 Wiesenthal
Geodaten / Höhenlage:	50° 41' 1.80" N - 10° 10' 40.69" E / 500m
Tel./Internet:	0368964 80228 / -
Öffnungszeiten:	Mai – Oktober So 10-18 Uhr
Plätze innen / außen:	25 / 40
Erreichbarkeit / Kategorie:	PKW / Imbiss

Hüttenführer Rhön

Der Roßhof existiert schon seit Beginn des 20.Jahrhunderts, nur das man hier früher keine Wanderer empfang, sondern das Gebäude als Unterkunft für die Landwirte nutzte. Die zwei großen, seit vielen Jahren leerstehenden, Stallungen unterhalb der Hütte zeugen noch von dieser Zeit. Auch das Unterkunftsgebäude stand viele Jahre leer und verfiel zusehends, bis sich Anfang dieses Jahrhunderts engagierte Dorfbewohner zusammentaten, den Verein Roßhoffreunde gründeten und die Hütte grundlegend renovierten. Die Einweihung erfolgte 2004. Im Inneren des Steinhauses mit Satteldach befindet sich eine gemütliche Stube mit Holzofen sowie eine kleine Küche, in der sonntags Speisen sowie Kaffee und Kuchen von den gastfreundlichen Vereinsmitgliedern zubereitet werden. Im Sommer kann die Verpflegung auch über eine Durchreiche direkt von draußen in Empfang genommen werden und dann auf der Terrasse und den Außenbänken mit Premiumblick auf das Rosatal, die Stoffelskuppe und den Pleß genossen werden. Der Wanderer kann die Hütte von den umliegenden Orten in einer drei bis fünf Kilometer langen *Hüttenführer Rhön*

Wanderung bequem erreichen, empfohlen sei im Frühjahr ein Abstecher zur Seegrube, einem temporären See aus unterirdischen Quellen, welche am Hang des Nebelberges in unmittelbarer Nachbarschaft zur Roßhofhütte gelegen ist. An diesem Berg hat 1866 eine tragische Schlacht stattgefunden. Im Krieg zwischen Preußen und Österreich trafen hier preußische Truppen auf die mit Österreich verbündeten Bayern. Die Tragik des Gefechts lag darin, dass der Krieg wenige Tage zuvor in der Schlacht bei Königgrätz bereits entschieden war, aber die Boten diese Nachricht nicht rechtzeitig überbrachten und so weitere 87 Menschen sinnlos ihr Leben ließen.

Anfahrt / Wandermöglichkeiten: Roßdorf in der Rhön erreicht man über die Kreisstraße auf halber Strecke zwischen Dermbach und Wernshausen. Im Ort fährt man von Dermbach aus kommend ca. 500 m nach dem Ortsschild rechts in die Straße Roßbergsgrund, über deren Verlängerung die Hütte auf einem nicht asphaltierten, aber gewalzten, 3 km langen Feldweg erreichbar ist. Ein Teil der Parkplätze befindet sich direkt an der Hütte, weitere ca. 150 m unterhalb der Hütte. Der bewaldete unspektakuläre Gipfel des Roßberges (702 m ÜNN) ist von der Hütte noch gute 1,5 km entfernt und leicht zu finden. Auch eine Hüttenwanderung zu der nahe gelegenen Roßberghütte, Hümpfershäuser Hütte oder dem Amönenhof ist möglich, alle Wege sind ausgeschildert.

Nr. / Anschrift :	(13), Am Roßberg, bei 98590 Roßdorf
Geodaten / Höhenlage:	50° 40' 48.52" N - 10° 11' 51.70" E/550m
Tel./Internet:	036968 5283 / -
Öffnungszeiten:	So 10-17 Uhr
Plätze innen / außen:	35 / 50
Erreichbarkeit / Kategorie:	PKW / Imbiss

Hüttenführer Rhön

Haus am Schwarzen Moor

Das Schwarze Moor ist das größere der beiden Hochmoore in der Rhön und liegt auf bayerischem Gebiet ganz in der Nähe des Dreiländerecks zwischen den Ortschaften Seiferts, Birx und Fladungen an der Hochrhönstraße. Ähnlich wie das Haus am benachbarten Roten Moor auf hessischer Seite, ist das jetzige Haus am Schwarzen Moor eine recht neue Anlaufstelle für Touristen. Erst im Jahr 2005 wurde das moderne Infozentrum errichtet, in dem neben der Informationsstelle des Biosphärenreservates mit Souvenirladen auch ein Kiosk integriert ist. Doch die touristische Erschließung dieses wunderschönen Naturraumes begann Ende der 70er Jahre. Bereits seit damals existierte ein Imbiss am Schwarzen Moor. Zunächst als einfacher Bratwurststand und später in einem schlichten Blockhaus untergebracht, bewirtschaftete die Familie Finster ein Vierteljahrhundert den Kiosk am Schwarzen Moor. Dieser wurde im Dezember 2011 durch den neuen Pächter Roland Fuchs übernommen. Über das klassische Imbissangebot von Bratwurst und Frikadelle hinaus, ist es sein Ziel den Betrieb ökologisch auszurichten. Das Speisenangebot

Hüttenführer Rhön

soll dabei ausschließlich Produkte aus der Region umfassen und auch auf Einwegartikel wird verzichtet.

Mit seinen 66 ha ist das Schwarze Moor das größte seiner Art in der Rhön und lockt jährlich knapp 150.000 Besucher in dieses einzigartige Naturschutzgebiet. Ein ähnlich starkes Interesse ziehen nur der Kreuzberg und die Wasserkuppe auf sich. Durch das Moor führt ein knapp 2,7 Kilometer langer behindertengerechter Bohlenweg mit zahlreichen Informationstafeln über die Entstehung, Funktionsweise und den Lebensraum Moor. Einen hervorragenden Überblick über das Naturschutzgebiet kann man anschließend vom 17 Meter hohen Aussichtsturm genießen.

Anfahrt / Wandermöglichkeiten: Das Schwarze Moor ist sehr gut per PKW aus allen Himmelsrichtungen erreichbar. Von Norden und Osten fährt man über die B278 von Hilders Richtung Bischofsheim auf die Hochrhönstraße Richtung Fladungen ab. Von Osten her fährt man die Hochrhönstraße von Fladungen Richtung Bischofsheim und aus südlicher Richtung genau umgekehrt. Neben dem Pflichtprogramm, der Begehung des Bohlenweges durch das Moor bietet sich für den Wanderer auch ein Ausflug zum knapp 6 km entfernten Heidelstein (926 m) an, hierzu folgt man auf einem fast ebenem Weg auf der Hochebene der *Markierung "roter Tropfen"* oder „Hochrhöner", bis zum Gipfel mit Sendemast. Der nahe gelegene Berggasthof Sennhütte ist über die *Markierung „grüner Tropfen"* erreichbar, ca. 1 km.

Nr. / Anschrift :	**(25)**, Schwarzes Moor 1, 97650 Fladungen
Geodaten / Höhenlage:	50° 31' 25.44" N - 10° 4' 19.03" E / 790m
Tel./Internet:	09778 1500 / -
Öffnungszeiten:	täglich ab 10 Uhr
Plätze innen / außen:	20 / 60
Erreichbarkeit / Kategorie:	PKW / Imbiss

Hüttenführer Rhön

Das Schweinfurter Haus am Hang des Ganggolfsberges in der Bayerischen Rhön bei Oberelsbach gehört zu den großen Wanderhäusern des Rhönklubs. Am Rande der Waldlichtung soll bereits im Mittelalter der Gutshof Wermers gestanden haben. Später gehörten die Ländereien und Gebäude dem Staat Bayern, der das Gelände fortan als Försterei nutzte. Aus dieser Zeit stammen die Ursprünge des heutigen "Alten Forsthauses", welches sich knapp 80 Meter nördlich des Schweinfurter Hauses befindet. Neben diesem Forsthaus wurde im Jahre 1900 eine Villa gebaut, die zunächst als Wohngebäude konzipiert wurde. Sie wurde 1922 vom Rhönklub Schweinfurt erworben.

Zunächst war das Gebäude kein Gaststättenbetrieb sondern reines Klubhaus des Zweigvereins. Erst nach dem zweiten Weltkrieg und einigen Umbauten und Instandsetzungsmaßnahmen wurde es regelmäßig bewirtet. Das heutige Gesicht erhielt das Schweinfurter Haus dann 1959, als es in ein Wanderheim umgebaut und aufgestockt wurde.

Hüttenführer Rhön

Seitdem wird eine Gastwirtschaft mit Übernachtungsgelegenheit für Wanderer betrieben. Das neben dem Schweinfurter Haus befindliche "Alte Forsthaus" erwarb der Zweigverein erst 1982 und renovierte es, um es als Ferienhaus nutzen zu können. Die letzte Aufstockung erfuhr es 1998, als das Dachgeschoss zu einer Ferienwohnung ausgebaut wurde. Die Gaststätte bietet einfache gut bürgerliche Küche. In den Gasträumen wird bedient. An den Tischen um das Haus herum herrscht Selbstbedienung. Die Übernachtungsmöglichkeiten sind einfach, bieten dem Wanderer und Erholungssuchenden jedoch alles Nötige. Wenn die zahlreichen Tagesausflügler aus dem Grabfeld und ganz Franken wieder auf dem Heimweg sind beginnt der urtümliche Forsthauscharme erst richtig aufzuleben. Ein dickes Plus für Familien bietet der großzügige Kinderspielplatz, auf dem sich die Kleinen richtig austoben können.

Anfahrt / Wandermöglichkeiten: Die Anfahrt zum Schweinfurter Haus erfolgt entweder über Ostheim / Nordheim oder über Oberelsbach zunächst in den kleinen Ort Urspringen. Von dort führt eine ausgeschilderte Straße zur Hohen Rhön hinauf. Dieser folgen und nach ca. 2,5 km der Ausschilderung links in den Wald hinein folgen. Von nun führt ein recht schmaler geteerter Forstweg knapp 800 m lang zu den beiden Parkplätzen hinter dem Schweinfurter Haus. Vom Schweinfurter Haus bieten sich mehrere Rundwanderwege (Naturlehrpfad), ein Abstecher zum bewaldeten Gipfel des Gangolfsbergers und seinen Basalttürmen oder auch eine Hüttentour zur benachbarten Thüringer Hütte, knapp 2,5 km entfernt, an.

Nr. / Anschrift :	**(30)**, Schweinfurter H., 97647 Oberelsb.
Geodaten / Höhenlage:	50° 27' 51.15" N - 10° 5' 44.94" E / 590m
Tel./Internet:	09774 590 / schweinfurter-haus.de
Öffnungszeiten:	Di-So 10-22 Uhr
Plätze innen / außen:	60 / 50
Erreichbarkeit / Kategorie:	PKW / Restaurant und Pension

Hüttenführer Rhön

Ein Haus zieht um - das Ergebnis dieser Kuriosität kann im Jagdhaus Seeblick bestaunt werden. Früher stand das Gebäude unterhalb des Pleßgipfels. Gebaut wurde das Jagdschloss bereits 1887 im Auftrag des Meininger Herzogs Georg, der im Pleßwald sein Jagdrevier hatte. Nach dem ersten Weltkrieg wurde das Gebäude dann als Gaststätte durch den Rhönklub betrieben. In den Jahren des Kalten Krieges war der Pleß wegen militärischer Nutzung gesperrt und das imposante Fachwerkhaus durfte nicht mehr benutzt werden. Um es vor dem vollständigen Zerfall während der Sperrung des Pleßgebietes ab den 60iger Jahren zu bewahren, trugen engagierte Breitunger Bürger das Gebäude 1974 ab und bauten es an heutigen Stelle, ca. 1,5 km oberhalb von Breitungen am Waldrand des Heubergs wieder auf. Das Gebäude mit den drei markanten und wundervoll verzierten Holzgiebeln gehört zu den schönsten Berggasthöfen der gesamten Rhön. Allein die Architektur und die Schnitzerei sind einen Besuch wert. Vom Jagdhaus Seeblick hat man einen prächtigen Ausblick auf die Breitunger Kiesgruben, das

Hüttenführer Rhön

Werratal und hinüber zum Kamm des Thüringer Waldes. Neben dem Restaurant im gemütlichen Gastraum im Jagdhausstil betreibt Inhaber Dieter Wenig auch einen kleinen Übernachtungsbetrieb mit liebevoll im Thüringer Bauernstil eingerichteten Zimmern. Zusätzlich stehen noch zwei Räumlichkeiten für Feiern, eine Sommerterrasse und ein Biergarten zur Verfügung. Da sehr viele Feiern im Seeblick ausgerichtet werden, sind die Zimmer oftmals am Wochenende weit im Voraus belegt. Die Küche umfasst, neben kleinen Speisen für den Wanderer, regionaltypische Spezialitäten mit Schwerpunkt Wildgerichte zu günstigen Preisen. Auch die Kinder haben auf dem großen Spielplatz hinter dem Jagdhaus ihren Spaß.

Anfahrt / Wandermöglichkeiten: Das Jagdhaus Seeblick ist über einen asphaltierten Weg gut zu erreichen. Hierzu im Ort auf den westlich der Werra gelegenen Hauptteil Breitungens wechseln. Nun in Richtung Bahnhof fahren. Kurz vor dem Bahnhofsgebäude nach links abbiegen und ca. 200 m später nach der Gleisunterführung erneut nach links abbiegen und anschließend dem ansteigenden Straßenverlauf ca. 1,5 km folgen. Für den Wanderer bietet sich eine Runde über die Burgruine Frankenberg und / oder den Pleßgipfel und seinem Schutzhaus mit Aussichtsturm an, die von Helmers oder Breitungen aus gestartet werden kann (Wegbeschreibung siehe Pleßhütte).

Nr. / Anschrift :	**(9)**, Seeblick, 98597 Breitungen / Werra
Geodaten / Höhenlage: 315m	50° 44' 33.45" N - 10° 19' 21.79" E /
Tel./Internet:	036848 2760 / jagdhaus-seeblick.de
Öffnungszeiten:	Fr-So ab 11 Uhr *
Plätze innen / außen:	40 / 30
Erreichbarkeit / Kategorie:	PKW / Restaurant und Pension

Hüttenführer Rhön

Hoch über Fladungen an den Ausläufern der Hochebene Lange Rhön befindet sich ganz in der Nähe des Dreiländerecks die Sennhütte. Es ist ein herrlicher Fleck für Ausflügler, einerseits gut erreichbar und dazu noch mitten in der Natur mit einen wundervollen Weitblick gen Osten über das Grabfeld und hinüber zum Thüringer Wald.

Die Ursprünge der Sennhütte gehen bis in 19. Jahrhundert zurück, als auf der Fladunger Hut erstmals eine Hütte errichtet wurde, die Vieh und Hirten Schutz bot. Später wurde eine zunächst recht bescheidene Wirtschaft aufgebaut, die Einkehr für Wanderer und sogar Übernachtungsgelegenheiten bot. Allerdings verschlechterte sich der Zustand der "alten Sennhütte" nach dem zweiten Weltkrieg zusehends, so dass die Stadt Fladungen die Hütte verkaufte. Seit 1961 befindet sich die Sennhütte nun im Besitz der Familie Klingenberg, welche ein stattliches Berghotel errichtet hat. Dieses ist optisch mit seinen zwei großen Giebeln zur Talseite ein Hingucker und wurde malerisch an den Hang des Waldrandes gebaut.

Hüttenführer Rhön

Insgesamt stehen dem Ausflügler in der Gastwirtschaft knapp 120 Plätze plus über 60 Plätze im Biergarten zur Verfügung. Dieses Angebot wird aufgrund der herrlichen Lage und guten Erreichbarkeit auch gern von größeren Gruppen aufgesucht. Die Küche bietet Rhöner Gerichte in guter Qualität. Die bequemen Zimmer des Hotels sind fast alle mit Balkon ausgestattet. In einem kleinen Rhönladen kann man zudem Souvenirs und regionale Produkte erwerben.

Anfahrt / Wandermöglichkeiten: Fladungen ist über die B285 von Bad Neustadt aus zu erreichen. Innerhalb der historischen Altstadt dann über die ausgeschilderte Hochrhönstraße (Staatstraße 2288) nach links zur Hohen Rhön abbiegen. Dann geht es steil bergauf und nach ca. 3 km und einigen Serpentinen sieht man die Sennhütte bereits rechter Hand direkt neben der Straße unmittelbar vor der Hochebene. Ein Rundgang durch das nahegelegene Schwarze Moor (siehe dortiger Eintrag) oder ein Abstecher zum Dreiländereck, mit Resten der Grenzanlage und Informationstafeln, ist für dem Wanderfreund sehr empfehlenswert.

Nr. / Anschrift :	**(26)**, Hochrhönstraße 1, 97650 Fladungen
Geodaten / Höhenlage:	50° 31' 30.45" N - 10° 4' 51.78" E / 755m
Tel./Internet:	09778 91010 / sennhuette-rhoen.de
Öffnungszeiten:	Di-So ab 10 Uhr
Plätze innen / außen:	120 / 70
Erreichbarkeit / Kategorie:	PKW / Restaurant und Hotel

Hüttenführer Rhön

Auf den ersten Blick mag der Name dieses Berggasthofes etwas verwirrend sein, denn er liegt nicht in der Thüringischen, sondern im nördlichen Teil der Bayerischen Rhön. Aber wer die Geschichte der Rhön kennt, weiß dass dies nicht immer so war. Die Thüringer Hütte gehört zu dem kleinen Ort Urspringen, einem Ortsteil von Ostheim. Dieses Kleinstädtchen mit schöner historischer Altstadt war ehemals ein Amt des Großherzogtums Sachsen-Weimar-Eisenach und gehörte seit 1920 als Exklave zum neugegründeten Land Thüringen. In dieser Zeit wurde zunächst eine einfache Hütte gebaut, die den Bauern während der Heuernte Schutz bieten sollte. Später konnte mit Unterstützung des Landes Thüringen ein geräumiges Holzhaus errichtet werden, ehe Ostheim nach dem 2.Weltkrieg zu Bayern gehörte. Bis in die 60er Jahre blieb die Gemeinde Eigentümer der Hütte, aber aufgrund der teuren Unterhaltungskosten wurde die Hütte anschließend an den Pächter Harto Drescher veräußert, der seinerseits die Thüringer Hütte 1976 an die mittlerweile in dritter Generation tätige Familie Schmidt verkaufte. Nicht zuletzt seit der vor einigen Jahren

Hüttenführer Rhön

vorgenommenen Erweiterung und Umbau, bei dem die alte Holzverzierung erneuert sowie eine Terrasse und ein neuer Gastraum angebaut wurde, erstrahlt die Thüringer Hütte in neuem Glanz. Auch bei der Bewirtung und der Speisenqualität merkt man, dass die Besitzer mit großer Hingabe arbeiten. Neben traditionellen Rhöner und Bayerischen Speisen gibt es ein großes Kaffee und Kuchenangebot. Hinzu kommt die exponierte Lage am waldfreien Hang des Ilmenberges, die einen herrlichen Ausblick hinüber zur Rother Kuppe und über das Bayerische Rhönvorland ermöglicht. Auch die gute Erreichbarkeit per PKW, die zur Beliebtheit dieser Hütte beiträgt, sorgt dafür, dass man an einem sonnigen Wochenendtag kaum einen freien Platz findet. Neben dem Gastbetrieb gibt es auch eine moderne Ferienwohnung und ein Appartement, für Urlauber und Wanderer.

Anfahrt / Wandermöglichkeiten: Die Anfahrt zur Thüringer Hütte erfolgt entweder über Ostheim/Nordheim oder über Oberelsbach zunächst in den kleinen Ort Urspringen. Von dort führt eine ausgeschilderte Staatsstraße zur Hohen Rhön hinauf. Diese führt immer ansteigend in knapp 3,5 km direkt zur Thüringer Hütte. Je nach Vorliebe lassen sich von hier mehrere Touren starten. Zum einen kann man eine Wanderung zum Heidelstein (926m ÜNN) unternehmen. Hierzu zunächst der *Markierung „grünes Dreieck"* folgen bis man nach 2,5 km auf den Rhön-Höhen-Weg trifft, diesen nach links gehen, dann sind es noch weitere 2,5 km bis zum Gipfel. Alternativ kann man aber auch einen kürzeren Spaziergang zu den benachbarten Hütten Rother Kuppe und/oder Schweinfurter Haus machen.

Nr. / Anschrift :	**(29)**,Thüringer Hütte, 97647 Urspringen
Geodaten / Höhenlage:	50° 28' 43.61" N - 10° 4' 53.63" E / 715m
Tel./Internet:	09779 562 / thueringer-hütte.com
Öffnungszeiten:	täglich 10-18 Uhr (im Winter Di Ruhetag)
Plätze innen / außen:	80 / 60
Erreichbarkeit / Kategorie:	PKW / Restaurant und Pension

Hüttenführer Rhön

Mitten im Wald am Westhang des Ellenbogens, dem höchsten Berg der Thüringischen Rhön, liegt etwas versteckt das Rhönhaus. Der geräumige Berggasthof mit seiner Holzfassade und der mit mehreren Gauben ausgestatteten Giebelkonstruktion ist ein optisches Kleinod. Wie fast alle Hütten auf thüringischem Gebiet hat auch das Thüringer Rhönhaus eine wechselvolle Vergangenheit, die unmittelbar mit der deutsch-deutschen Geschichte verbunden ist. Der Ursprung dieses Gasthofes wurde bereits in den 20er Jahren des letzten Jahrhunderts gelegt, als auf diesem Gelände zunächst eine Jugendherberge mit mehreren Baracken errichtet wurde. Das zur Gemeinde Oberweid gehörende Areal wurde dann aber mit Beginn der 30er Jahre zweckentfremdet und als Arbeits- und als Wehrausbildungslager genutzt. Nach dem 2. Weltkrieg nutzte die staatliche Organisation „FDJ" die Baracken als Jugendherberge, bis die Grenzpolizei das Lager aufgrund der unmittelbaren Nähe zur Innerdeutschengrenze übernahm. Unter dieser Regie wurden in den 70er Jahren bis auf das noch heute stehende Haupthaus die Baracken abgetragen. Der

Hüttenführer Rhön

Ellenbogen war Sperrgebiet und erst nach der Wende wieder zugänglich. Das Gebäude wurde durch die Familie Lümpert erworben, renoviert und fortan als Gastwirtschaft mit kleinem Übernachtungsbetrieb genutzt. Die Besitzer haben das Gebäude in eine moderne Waldgaststätte umgewandelt und bewirten ihre Gäste mit guter regionstypischer Küche. Sowohl die beiden rustikal eingerichteten Gasträume als auch die Terassenbereiche laden zum Verweilen und Entspannen inmitten des Waldes ein. Daneben bieten die sechs Doppelzimmer die Möglichkeit zu einem längeren Verbleib, bei dem man dann auch in Ruhe die zum Gasthaus gehörende Ausstellung landwirtschaftlicher Geräte oder das Heimattiergehege betrachten kann.

Anfahrt / Wandermöglichkeiten: Das Thüringer Rhönhaus ist mit dem PKW über eine schmale geteerte Straße zu erreichen. Der ausgeschilderte Abzweig hierzu findet sich an der Kreisstraße zwischen Frankenheim und Reichenhausen, ca. 1,5 km hinter Frankenheim. Zunächst teilt man sich den Zufahrtsweg, mit dem des Berggasthof Eisenacher Haus, allerdings geht es dann nach ca. 500 m weiter geradeaus anstatt der rechts abknickenden Hauptstraße zu folgen. Wandermöglichkeiten bieten sich zahlreiche, neben einem Rundweg um den Ellenbogen ist es empfehlenswert das Auto in Oberweid abzustellen und von dort über den *markierten Weg „O1"* ein Rundweg zum Ellenbogen und Rhönhaus anzutreten, ca. 7 km.

Nr. / Anschrift :	**(24)**, Rhönhausstr. 1, 98634 Oberweid
Geodaten / Höhenlage:	50° 34' 3.14" N - 10° 4' 17.25" E / 770m
Tel./Internet:	036946 32060 / thueringer-rhoenhaus.de
Öffnungszeiten:	Di-So ab 10 Uhr
Plätze innen / außen:	100 / 40
Erreichbarkeit / Kategorie:	PKW / Restaurant und Pension

Hüttenführer Rhön

Die Bergbundhütte am Osthang des knapp 890m hohen Himmeldunkberges zwischen Bischofsheim und Gersfeld ist eine Selbstversorgerhütte des Deutschen Alpenvereins Sektion Bergbund aus Würzburg. Sie gehört zu den wenigen Hütten die nicht mit PKW angefahren werden dürfen, aber genau das macht den Reiz dieser Hütte aus. Fernab der Hektik des Alltages kann man hier wunderbar picknicken und dabei einen herrlichen Ausblick auf die Kreuzbergrhön und Bischofsheim genießen. An Sonn- und den meisten Feiertagen wird die Hütte durch Vereinsmitglieder ehrenamtlich bewirtschaftet und Getränke angeboten. Nach vorheriger Anmeldung steht die Hütte auch für Gruppen als Übernachtungsgelegenheit zur Verfügung. Das eineinhalbgeschossige Steinhaus wurde Ende der 50er Jahre errichtet. Aufgrund der nicht vorhandenen Fahrstraße war die Erbauung nur dank anstrengender Eigenleistung der DAV Mitglieder möglich. Bis der gesamte Innenausbau fertiggestellt war, dauerte es bis 1968. In den 80er Jahren wurde zwar das Dach modernisiert und die Wasserquelle verbessert, aber der letzte Umbau erfolgte erst

Hüttenführer Rhön

vor wenigen Jahren als eine neue Außenisolierung angebracht wurde. Und das nur einige Zeit nachdem die Hütte eigentlich abgerissen werden sollte. Denn 1999 wurde ursprünglich entschieden, den gesamten Himmeldunkberg als Naturschutzgebiet auszuweisen. Aber letztlich scheiterten diese Pläne an mangelnder EU-Förderung .Der Wander- und Bikerfreund kann heute froh sein, dass die Bergbundhütte seit über 50 Jahren als willkommene Raststation zur Erholung beiträgt.

Anfahrt / Wandermöglichkeiten: Der kürzeste Weg zur Bergbundhütte führt über den Wanderparkplatz „Schwedenwall", an der Verbindungsstraße zwischen Gersfeld und Bischofsheim. Von dort dem markierten Wanderweg in Richtung Süden folgen. Dieser startet ca. 50 m unterhalb des Parkplatzes an der Straße. An der ersten großen Wegkreuzung rechts und an der zweiten, hier würde es geradeaus zum Himmeldunkberg gehen, nach links zum nun sichtbaren Schutzhaus folgen. Mehrere Touren lassen sich mit dem Besuch der Bergbundhütte verbinden, denn sowohl der Rhönhöhenweg als auch der Hochrhöner verlaufen in der Nähe.

Nr. / Anschrift :	(34), Am Himmeldunkberg, bei 97653 Bischofsheim
Geodaten / Höhenlage:	50° 25' 23.36" N - 9° 58' 6.15" E / 817m
Tel./Internet:	0931 883049 / bergbund-würzburg.de
Öffnungszeiten:	So 10-17 Uhr
Plätze innen / außen:	40 - 25
Erreichbarkeit / Kategorie:	Fußweg – 1,5 km / Imbiss

Hüttenführer Rhön

Würzburger Karl-Straub-Haus

Das Würzburger Haus im Naturpark Schwarze Berge ist eines der größten und beliebtesten Berghäuser der Rhön. Der bedeutende Rhönklub Zweigverein Würzburg erbaute das Haus im Jahre 1938. Zuvor teilten sich die Mitglieder das Haus Franken an der Dammersfeldkuppe mit dem Zweigverein Frankfurt. Das Haus Franken musste 1938 aufgegeben werden, weil im dortigen Gebiet um die Dammersfeldkuppe ein Truppenübungsplatz errichtet wurde. So fand man noch im gleichen Jahr am Farnsberg eine neue Heimstätte und errichtete eine stattliche zweieinhalbgeschossige Berghütte. Man hätte sich wohl kaum einen schöneren Platz dafür aussuchen können. Prächtig ist die Aussicht ins Land der offenene Ferne und reicht nach Norden über Wildflecken zur Dammersfeldrhön, zur Wasserkuppe und natürlich zum Kreuzberg. Der damalige Vereinsvorsitzende, Oberlehrer Karl Straub, hatte maßgeblichen Anteil an der Errichtung. Karl Straub verstarb 1949 und ihm zu Ehren wurde das Würzburger Haus später nach ihm benannt. In den 70er und 80er Jahren wurde das Würzburger Haus mehrfach renoviert und erweitert

Hüttenführer Rhön

und erstrahlte zur 100 Jahr Feier des Vereins 1980 in neuem Glanz. Seit wenigen Jahren ist die Berghütte an Metzgermeister Robert Voll verpachtet. Die Küche ist regional geprägt und bietet neben deftigen Brotzeiten und frischen Kuchen auch Wildgerichte an. Das gastfreundliche Haus hat neben dem Hauptraum im ersten Obergeschoss auch noch einen großzügigen Gastraum für Feierlichkeiten aller Art. Vor dem Haus befindet sich ein großer Biergarten und für die Kinder ein schöner Spielplatz. Zudem bietet das Würzburger Haus auch eine einfache Übernachtungsgelegenheit in Doppel- und Mehrbettzimmern an. Alles in allem ist das Würzburger Haus inmitten der "Schwarzen Berge" ein lohnendes Ausflugsziel.

Anfahrt / Wandermöglichkeiten: Das Würzburger Haus erreicht man von der A7 kommend über die Ausfahrt Bad Brückenau / Wildflecken. Man fährt nach der Abfahrt nach links Richtung Schildeck fahren, an dessen Ortsausgang man dem geteerten Weg zum Berggasthof nach links folgt. Dieser wird nach 2,5 km erreicht. Die Wandermöglichkeiten in den Schwarzen Bergen sind zahlreich und bestens ausgeschildert. Über den HWO 7 erreicht man nach knapp 6 km durch herrliche Landschaften die Kissinger Hütte. Noch näher gelegen ist das Berghaus Rhön, knapp 1 km in westliche Richtung. Zum Aufstieg zum Würzburger Haus empfiehlt sich auch der Weg aus Geroda, in 3 km über Markierung „rosa Tropfen" erreicht man von dort das Ziel.

Nr. / Anschrift :	(44), Am Farnsberg, bei 97779 Geroda
Geodaten / Höhenlage:	50° 18' 42.84" N - 9° 54' 15.94" E / 775m
Tel./Internet:	09749 230 / wuerzburger-haus.de
Öffnungszeiten:	Do-Di 10-20 Uhr
Plätze innen / außen:	70 / 40
Erreichbarkeit / Kategorie:	PKW / Restaurant und Pension

Hüttenführer Rhön

ANHANG

Im Anhang sind weitere Berghotels sowie nicht regelmäßige bewirtschaftete Schutzhütten in Kurzporträts vorgestellt.

Eiterfelder Hütte (S.106)

Hüttenführer Rhön

Rhönklubhütte am Linsenwäldchen Batten

In der Hessischen Rhön zwischen Hilders und Tann liegt der idyllische Ort Batten. Der dort ansässige Rhönklub hat sich 1972 am Linsenwäldchen, ca. 1km oberhalb der Ortschaft seine Vereinshütte inklusive einer Brunnenanlage gebaut. Von hier oben hat man eine herrliche Aussicht auf das Ulstertal und die großartigen Berge Milseburg und Wasserkuppe. Die Hütte selber ist ein eineinhalbgeschossiger Steinbau mit kleiner Veranda, die auch außerhalb der Betriebszeiten eine gute Gelegenheit zur Vesper bietet.

Anfahrt / Wandermöglichkeiten: Die Hütte ist nicht leicht zu finden und liegt nicht an einer öffentlichen Straße. Ein geteerter Forstweg in der Ortschaft Batten in östlicher Richtung ansteigend, die Kirche passierend, führt nach knapp 1,5km an einen Waldrand, von dem es nun rechter Hand noch gute 200m zur Hütte sind. Per pedes ist die Hütte in unmittelbarer Nähe des HWO 3, *Markierung „rotes Dreieck",* schöner zu erreichen. Von der Hütte selber bieten sich die markierten örtlichen Rundwanderwege 11 und 14 an, die beide auch zur benachbarten Thaidener Wanderhütte führen, knapp 2km.

Nr. / Geodaten:	**(60)** / 50° 33' 9.85" N - 10° 1' 45.54" E

Hüttenführer Rhön

In Eiterfeld im Hünfelder Land, dem nördlichen Teil der Hessischen Rhön, hat sich am Rande des Ortes der heimische Rhönklub eine schöne Holzwanderhütte (Abb. S.102) erbaut. Die Lage an der Anhöhe "Am Hain" in unmittelbarer Nähe zum Fußballplatz und der Tennisanlage sind zwar eher suboptimal für eine idyllische Wanderhütte, dafür weiß die Optik der 1994 erbauten Hütte zu überzeugen. Das sie damals errichtet werden konnte, hat sie der unermüdlichen ehrenamtlichen Arbeit und Spenden der Mitglieder des erst zehn Jahre zuvor in der Marktgemeinde wiedergegründeten Rhönklubs zu verdanken. Die Hütte wird nicht regelmäßig bewirtschaftet sondern dient in erste Linie als Vereinsheim, steht aber auf Anfrage fremden Wandergruppen zur Verfügung. Vielleicht ist das Gebiet der nördlichen Rhön mit dem Hessischen Kegelspiel auch etwas vernachlässigt, da dies die einzige Wanderhütte in dieser Region ist. Dabei gibt es viel zu entdecken und man sollte diese Gegend nicht versäumen. Insbesondere der von der Hütte knapp 9 km entfernte mächtige weithin sichtbare Basaltkegel Soisberg, der die höchste Erhebung der zum Hessischen Kegelspiel gehörenden Berge darstellt, ist eine Wanderung oder Radtour wert. Auf dem Gipfel des 630m hohen Berges befindet sich seit 2003 wieder ein zugänglicher moderner Holzturm, der eine prächtige Rundumsicht ermöglicht. Auch eine Radtour auf dem Kegelspielradweg ist sehr empfehlenswert und bietet genussvolle Eindrücke der nördlichen Vorderrhön.

Anfahrt: In der Dorfmitte an der Hauptkreuzung Richtung Schloß Fürsteneck fahren und am Ortsende nach links zu den Sportanlagen. Hier fährt man zunächst zu den Tennisplätzen, kurz bevor man diese erreicht liegt die Hütte rechter Hand.

Nr. / Geodaten:	(65) / 50° 46' 9.25" N - 9° 48' 10.38" E

Hüttenführer Rhön

Am Simmelsberg bei Gersfeld in der Hessischen Rhön steht das Vereinshaus des eigenständigen Rhönclub Frankfurt. Das unbewirtschaftete Berghaus der Wanderfreunde aus der Bankenstadt ist für Selbstversorger eingerichtet und bietet neben einem großzügigen Gastraum mit angeschlossener Küche in immerhin 10 Zimmern 28 Betten. Ein erstes Vereinshaus hatten sich die Mitglieder des Frankfurter Rhönclubs in der Nähe der Dammersfeldkuppe seit 1921 noch mit dem Würzburger Rhönklub geteilt. Das "Haus Franken" musste jedoch 1938 im Zuge der Annektierung dieses Gebietes als militärischer Sperrbereich geräumt werden. Anschließend bauten die Würzburger Vereinsmitglieder ihr Haus in der Nähe des Farnsberges (siehe Würzburger Karl-Straub-Haus) und die Frankfurter erwarben ein Grundstück nahe dem Gersfelder Ortsteil Rodenbach. Der Bau des Hauses begann zügig und bereits Ende 1938 konnte Richtfest gefeiert werden. Seitdem steht das zweieinhalbgeschossige Haus mit Ziegelsatteldach den Mitgliedern aber auch Gästen auf Anfrage beim Vereinsvorsitzenden Manfred Pfeil zur Verfügung.

Anfahrt / Wandermöglichkeiten: Von Gersfeld aus fährt man zunächst über die B278 in Richtung Bischofsheim und biegt nach 2 km in den Ortsteil Rodenbach ab. Anschließend durchquert man den weit verteilten Weiler in Richtung der Gehöfte Dammelhof. Von dort führt rechter Hand eine schmale Straße ansteigend zur Frankfurter Hütte. Von der Hütte aus bieten sich die örtlichen Rundwanderwege 1 und 2 für eine kleine Tour an. Der Bergkamm des Himmeldunkberges, über den Hochrhöner führt, ist knapp 1,5km entfernt. Nicht weit sind auch die benachbarten Hütten der Skiclubs aus Hanau und Fulda sowie der regelmäßig geöffnete Berggasthof Simmelsberg.

Nr. / Geodaten:	(51) / 50° 25' 49.96" N - 9° 56' 41.21" E

Hüttenführer Rhön

Geisaer Waldhäuschen

Diese beschauliche Schutzhütte der Stadt Geisa ist eine der abgelegensten Hütten der Rhön und steht an einem beinahe magischen Ort, inmitten eines riesigen Waldgebietes zwischen Geisa und Dermbach. Hier kann man Ruhe und Natur pur genießen. Die Geschichte des Waldhäuschens, welches auf einer Waldlichtung im Geisaer Stadtwald unterhalb des Mannsbergs (699m üNN) am HWO 1 gelegen ist, reicht bis 1916 zurück. Damals diente es als Unterkunft für Jagdpächter, später wurde es als Schutzhütte genutzt und war ein beliebtes Ausflugsziel. Weil es in Grenznähe in der ehemaligen Sperrzone stand, veranlassten die Behörden der DDR 1975 den Abriss. Der heutige Fachwerkbau mit Satteldach wurde erst 1999 wieder errichtet und bietet einen recht kleinen Gastraum im Erdgeschoss und einen Schlafraum im Giebel. Der hintere Bereich der Hütte, der erst vor wenigen Jahren angebaut wurde, ist in offener Bauweise errichtet und bietet somit auch bei nicht betriebener Hütte dem Wanderer Schutz. Vor der Hütte wurde ein idyllischer Rastplatz mit Bänken errichtet der zu Einkehr förmlich einlädt. Die Hütte wird durch die Stadt Geisa an Vereine und Einwohner vermietet und wird ansonsten nur selten, wie zum alle fünf Jahre stattfindende Pfingstfest geöffnet.

Anfahrt / Wandermöglichkeiten: Das Auto muss man in einer der umliegenden Ortschaften, entweder in Geisa, in Bremen/Rhön, oder in Zitters, stehen lassen. Von Geisa aus sind es zum Waldhaus knapp 6 km über den HWO1, Markierung *„rotes Dreieck"*, von den letztgenannten Ortschaften aus sind es nur 3 km.

Nr. / Geodaten:	(5) / 50° 42' 12.98" N - 10° 1' 54.81" E

Geisaer Waldhäuschen (S. 108)

Hümpfershäuser Hütte (S. 111)

Hüttenführer Rhön

Der Nordhang des Simmelsberg zwischen Gersfeld und Bischofsheim ist neben dem Kreuzberg und der Wasserkuppe eines der Skizentren der Rhön. Neben Loipen befinden sich hier auch einige kleinere Schleppliftanlagen, die jedoch schon etwas in die Jahre gekommen sind. Das Clubheim des Skiclub Hanau wurde 1970 an der Talstation des Skiliftes am Simmelsberg in der Nähe von Gersfeld errichtet. Das Hanauer Haus steht als Selbstversorger-Hütte den Vereinsmitgliedern zur Verfügung und bietet neben einem gemütlichen Aufenthaltsraum und einer Küche insgesamt 25 Betten in zwei Geschossen. Die Hütte kann jedoch auch von Nichtmitgliedern gebucht werden (Birgit Niebling, 06654 / 8751). Bei ausreichender Schneelage und Skibetrieb wird die Hütte auch gelegentlich an Wochenenden bewirtschaftet. In unmittelbarer Nähe befindet sich aber auch die Berghütte Simmelsberg (Gastwirtschaft mit Übernachtungsmöglichkeit; Mi-So ab 11Uhr).

Anfahrt / Wandermöglichkeiten: Von Gersfeld aus fährt man zunächst die B278 in Richtung Bischofsheim und verlässt diese Straße nach 2km und durchquert den Ortsteil Rodenbach in Richtung Dammelhof. Dort angekommen liegt die Hütte rechter Hand, nahe der Straße. Von der Hütte aus bieten sich die örtlichen Rundwanderwege 1 und 2 für eine kleine Tour an. Der Bergkamm des Himmeldunkberges, über den Hochrhöner führt, ist knapp 1,5km entfernt. Nicht weit entfernt sind auch die benachbarten Hütten der Skiclubs aus Fulda und die Frankfurter Hütte

Nr. / Geodaten:	(50) / 50° 26' 4.53" N - 9° 56' 29.00" E

Hüttenführer Rhön

Die idyllische Ortschaft Hümpfershausen ist in der Thüringischen Rhön ca. 8 km westlich von Wasungen gelegen. Neben dem sehenswerten Schloß Sinnershausen, welches jetzt hauptsächlich als Feuerwehrfortbildungszentrum genutzt wird, hat der knapp 400 Einwohner zählende Ort auch eine bewirtschaftete Wanderhütte! Die Entstehung der Hümpfershäuser Hütte geht zurück in die Anfänge des 20.Jahrhunderts, als sie zunächst als Jagdunterstand für die Meininger Herzöge gebaut wurde. In Eigenleistung der Vereine und der Gemeinde wurde die Hütte zur Jahrtausendwende um- und ausgebaut und erstrahlt heute als eineinhalbgeschossiges Steinhaus mit Giebeldach in neuem Glanz. Ein überdachter Außenbereich bietet auch bei geschlossener Hütte Zuflucht oder Gelegenheit zum Picknicken. Die Hütte wird teilweise an Sonn- und Feiertagen durch verschiedene Vereine des Ortes bewirtschaftet, neben Erfrischungsgetränken wird dann auch Kaffee und Kuchen gereicht, welchen man bei einem sehr guten Ausblick über die nahegelegenen Ortschaften bis hin zum Thüringer Wald genießen kann. Im Obergeschoss der einfach ausgestatteten Hütte befindet sich auch ein Matratzenlager für bis zu 12 Personen.

Anfahrt/Wandermöglichkeiten: Die auch als Berghäuschen bezeichnete Wanderhütte befindet sich hoch (652m ÜNN) über der Ortschaft in westlicher Richtung am Hang des Roßberges. Sie ist zum einen über einen asphaltierten Landwirtschaftsweg aber auch über einen markierten Wanderweg, *„grüner Tropfen"*, ca. 2,5 km zu erreichen. Die Extratour Vorderrhönweg, *Markierung „rotes V"* führt ebenfalls direkt an der Hütte vorbei, insgesamt 18 km lang. Darüber hinaus bietet sich auch eine Wanderung zu den beiden anderen am Hang des Roßberges gelegenen Hütten Roßhof und Roßberghütte an.

Nr. / Geodaten:	**(14)** / 50° 39' 59.45" N - 10° 12' 21.43" E

Hüttenführer Rhön

Waldhaus Hundskopf

In einem ausgedehnten Waldgebiet in der Nähe der Kreis- und Kurstadt Bad Salzungen befindet sich das Waldhaus Hundskopf. Das Gebäude in der Nähe der bewaldeten Erhebung Hundskopf (362m üNN) gehört der Gemeinde Leimbach. Pächter ist seit 1986 die Familie Udo König, die auch eine weitere Gaststätte in der Ortschaft betreibt. Das Waldhaus wurde 1928 durch den Wanderverein „Berggemeinde" als Vereinshaus erbaut. 1948 wurde es an die Energieversorgung angeschlossen und verschiedene Pächter betrieben das beliebte Wirtshaus fast durchgängig bis heute. Dem Ausflügler bietet sich hier eine gemütliche Einkehr in jagdlicher Atmosphäre mit einfachen warmen Speisen.

Anfahrt/Wandermöglichkeiten: Von der Dorfstraße in Leimbach, an der B62 zwischen Bad Salzungen und Vacha gelegen, ausgehend ist auch die Zufahrt zum Waldhaus über eine Teerstraße, knapp 2 km, möglich. Viel interessanter ist jedoch eine Wanderung die man mit einer Besichtigung der "blauen Grotte" verbinden kann. Die blaue Grotte in einem ehemaligen Steinbruch bietet ein Naturschauspiel. Auf knapp 20x 20 m Fläche hat sich hier "grottenartig" eine von Felsen umrahmte Gumpe gebildet, die bei entsprechender Sonneneinstrahlung in verschiedenen Blautönen leuchtet. Die "blaue Grotte" und das Waldhaus sind über ausgeschilderte Wanderwege entweder von Leimbach oder von Langenfeld OT Hohleborn erreichbar.

Nr. / Geodaten:	(3) / 50° 47' 36.42" N - 10° 10' 23.30" E
Öffnungszeiten:	Do-So ab 11 Uhr

Hüttenführer Rhön

Waldhaus Hundskopf (S. 112)

Rhönhäuschen (S. 121)

Hüttenführer Rhön

Karl – Heise - Hütte

Der Hilderser Rhönklub ist zwar mit seiner Gründung 1876, die gleichzeitig mit der Konstituierung des Dachverbandes erfolgte, einer der ältesten Zweigvereine überhaupt, aber erst gute 90 Jahre später, machte man sich daran eine vereinseigene Wanderhütte zu errichten. Auf Anregung des damaligen Vorsitzenden Karl Heise wurde die Holzhütte 1967 am Findloser Berg, gute 700 m westlich der Ortschaft gelegen, errichtet. Von diesem Standort hat man einen sehr schönen Blick auf die Rhöngemeinde Hilders. Tragischerweise wurde diese erste Hütte 1975 bei einem Brand zerstört. Aber die emsigen Mitglieder errichteten die Hütte noch im selben Jahr neu. Die eingeschossige Holzhütte mit schönem überdachtem Vorbau gehört optisch zu den schönsten Wanderhütten in der Rhön. Im Inneren bietet sie rund 40 Personen Platz. Direkt hinter Hütte befindet sich ein schöner Vesperplatz, der zur Rast einlädt. Die Hütte dient als Vereinsheim wird aber auf Anfrage auch an Wandergruppen vermietet .

Anfahrt/Wandermöglichkeiten: Hilders ist direkt an der B278 gelegen, in der Ortsmitte fährt man zunächst in westlicher Richtung zum Freizeitbad Ulsterquelle. Knapp 100 m vor dem Spaßbad geht es linker Hand einen geteerten Landwirtschaftsweg folgend gut 1 km über zwei Spitzkehren zur Hütte. An der Hütte vorbei führt der örtliche Rundwanderweg 3, über den man auch zum HWO 3 gelangt.

Nr. / Geodaten:	(62) / 50° 33' 51.07" N - 9° 59' 42.76" E

Als auf Initiative des Bahnoberrat und Leiter des Bahnausbesserungswerkes Fulda Lothar Mai 1951 der Bau dieses Hauses begann, war die heutige Entwicklung noch nicht vorauszusehen. Zunächst wurde die Hütte als Urlaubsheim für Bahnarbeiter genutzt. Später war sie ein Jugendferienheim, ehe sich der Zustand langsam verschlechterte. 1991 erwarben die Gebrüder Rabenseifner das Objekt, anschließend wurde renoviert, ein umfangreicher Hotelkomplex angebaut und die ehemalige Hütte als Lothar-Mai-Haus wieder eröffnet. Seit November 2011 hat der Hotel- und Gaststättenverband den vierten Stern vergeben. Das Landhotel befindet sich beim Hofbieberer Ortsteils Steens in der Hessischen Rhön an einem schön gelegenen Berghang unterhalb der Milseburg. In Alleinlage auf knapp 700 Höhenmetern bietet das Wellnesshotel luxuriöse Komfort und dazu einen abgeschiedenen Standort. Doppelzimmer kosten ab 53 pro Person und auch die Küche des Restaurants in der Küchenchef Udo Wischniewski traditionelle Produkte mit moderner Kochkunst auf hohem Niveau präsentiert, ist allemal einen Besuch wert, zumal die Preise für die gebotene Qualität und das Umfeld äußerst fair kalkuliert sind.

Anfahrt/Wandermöglichkeiten: Von Fulda kommend nutzt man am besten die B458 bis Dietges um dann in nördliche Richtung über Rupsroth und Dörmbach nach Steens abzuzweigen. Im kleinen Ort Steens, der Ausschilderung folgend, über eine geteerte Straße zum nahegelegenen Lothar – Mai – Haus. Nicht weit vom Berghotel entfernt verläuft der Hochrhöner. Über diesen erreicht man den aussichtsreichen Gipfel der Milseburg nach 4 km.

Nr. / Geodaten:	(58) / 50° 33' 53.23" N - 9° 54' 26.31" E
Öffnungszeiten:	täglich

Hüttenführer Rhön

Meininger Hütte (S. 117)

Melkerser Wanderhütte (S.118)

Hüttenführer Rhön

Die Errichtung einer ersten Schutzhütte auf der Hohen Geba, dem Hausberg der Meininger, liegt schon über 100 Jahre zurück. Ende der 20er Jahre des letzten Jahrhunderts wurde auf Initiative des Rhönklubs eine stattliche zweigeschossige Berghütte im Gipfelbereich auf knapp 750 Höhenmetern errichtet. Der erste Hüttenwirt zog 1932 in das Meininger Haus ein. Nach dem Krieg diente der Berggasthof noch einige Jahre als Jugenderholungsheim, ehe im Schicksalsjahr 1962 auch die Hohe Geba für die Öffentlichkeit gesperrt wurde und durch die Sowjetarmee in Beschlag genommen wurde. Das Museum „Druschba" in einem ehemaligen Militärgebäude versetzt den Besucher in diese Zeit zurück (Öffnungszeiten Di-So 11-17Uhr). Damals verfiel das Meininger Haus und brannte in den 70er Jahren bis auf die Grundmauern nieder. Erst nach dem Rückzug der Sowjets 1991 wurde das Gebiet wieder zugänglich und der Rhönklub konnte den Bau einer neuen Hütte planen. Es dauerte weitere sieben Jahre bis die "neue" Meininger Hütte eingeweiht werden konnte. Die neue Schutzhütte ist kleiner als ihre Vorgängerin, bietet aber einen Gastraum im Erdgeschoss plus Übernachtungsgelegenheit im Dachgeschoss. Es existiert kein Gastbetrieb, Speisen und Getränke kann man aber im ebenfalls auf dem Gipfelplateau gelegenen Berghäuschen (siehe dortigen Eintrag) einnehmen.

Anfahrt / Wandermöglichkeiten: *siehe Bergstübchen Hohe Geba*

Nr. / Geodaten:	**(21)** / 50° 35' 24.67" N - 10° 16' 14.34" E

Hüttenführer Rhön

Melkerser Wanderhütte

Die beschauliche Ortschaft Melkers liegt am äußersten Ostrand der Rhön. Auf einer nahe der Ortschaft gelegenen Anhöhe hat der ortsansässige Rhönklub im Jahre 2003 eine hübsche eineinhalbgeschossige Wanderhütte mit Holzverkleidung, Giebeldach und Aussichtsbalkon errichtet. Von hier aus hat man übrigens einen herrlichen Blick über das Werratal hinweg zum Dolmar. Das Grundstück wurde bereits 1994 erworben und zunächst eine offene Schutzhütte errichtet. Die heutige Hütte bietet zwei Räume mit insgesamt 60 Sitzplätzen und eine kleine Küche, sie wird als Vereinstreffpunkt und für private Feiern genutzt.

Anfahrt: Melkers liegt an der Kreisstraße zwischen Walldorf und Herpf, in der Nähe Theaterstadt Meiningen. Die Hütte ist unmittelbar am Ortsausgang Richtung Herpf, rechter Hand knapp 50m oberhalb der Straße, gelegen.

Nr. / Geodaten:	**(22)** / 50° 35' 58.70" N - 10° 22' 7.14" E

Die Hütte des Rhönklubs aus dem Fuldaer Stadtteil Niesig ist im Michelsrombacher Wald, einem großen zusammenhängendem Waldgebiet ohne nennenswerte Erhebung, am Westrand der Rhön gelegen. In unmittelbarer Nähe des Waldheimes führt zum einen die Landstraße von Fulda nach Michelsrombach und zum anderen die Autobahn 7 entlang, was zu einer immerwährenden unsäglichen Lärmbelastung führt. Und trotz dieses Standortnachteils halten die Vereinsmitglieder die Fahnen hoch und öffnen das Waldheim unregelmäßig an Sonn- und Feiertagen. Der Rhönklub betreut die Anlage seit 1974, als der ehemalige Schießstand übernommen wurde. Anschließend wurde er renoviert und mehrfach erweitert. Im Innenbereich des Gebäudes gibt es etwa 80 Sitzplätze. Draußen können sich Kinder auf dem großzügigen Spielplatz nach Lust und Laune die Zeit vertreiben.

Anfahrt: Die B27 zwischen Fulda und Hünfeld an der Ausfahrt des Autohofes in Richtung Michelsrombach verlassen. Auf halber Strecke, ca. 500 m vor einer Gaststätte, befindet sich das Waldheim linker Hand.

Nr. / Geodaten:	**(64)** / 50° 35' 45.92" N - 9° 40' 51.79" E

Das schöne eineinhalbgeschossige Waldhaus mit Holzfassade befindet sich am Gerbirgsstein, in der Nähe des Farnsberges, der zum Naturpark „Schwarze Berge" gehört. Auf 730 m Höhe ÜNN wurde durch den Abbau von Basalt von 1937-1962 ein ehemaliger Vulkankrater freigelegt und kann heute als einzigartiges Geotop besichtigt werden. Betreut wird die Hütte durch den 1972 wiedergegründeten Rhönklubzweigverein aus Oberbach, der die Hütte schließlich 1996 käuflich erworben hat. Erbaut wurde das Waldheim als Kantine für die Steinbrucharbeiter bereits in den 30er Jahren des 20.Jahrhunderts, als dort noch mehrere Gebäude und Wohnhäuser standen. Die Mitglieder des Rhönklubs haben viel Zeit und Eigenleistung in die Renovierung gesteckt und sich damit ein herrliches Vereinsheim inmitten der Natur geschaffen. Die Oberbacher Hütte bietet im rustikalen Gastraum bis zu 150 Personen Platz und wird zu den jährlich stattfinden Festen am 1.Mai und im Oktober von zahlreichen Wanderfreunden aufgesucht. Auch an den Sonntagen von Januar - März und zu Ostersamstag wird die Hütte bewirtschaftet und ist der Öffentlichkeit zugänglich (aktuelle Öffnungszeiten sind über die Homepage des Rhönklubs Oberach rhoenklub-oberbach.de abrufbar).

Anfahrt / Wandermöglichkeiten: Die Anfahrt erfolgt analog zur Kissinger Hütte über die Kreisstraße von Oberbach nach Gefäll. Ca. 500 m vor dem Wanderparkplatz „Schwarze Berge" führt ein Forstweg nach links in den Wald hinein in knapp 1,5 km Oberbacher Hütte. Zu Fuß ist die Berghütte von Oberbach aus über den örtlichen Wanderweg 3 zu erreichen. Vor Ort bieten sich zahlreiche kurze Rundwege, als auch die Verbindung zu den benachbarten Hütten – Kissinger Hütte, Berghaus Rhön und Würzburger Haus – an.

Nr. / Geodaten:	(42) / 50° 20' 23.05" N - 9° 55' 30.77" E

Hüttenführer Rhön

Rhönhäuschen

Das Rhönhäuschen ist ein beliebtes Waldhotel und durch seine gute Küche überregional bekannt. Die Ursprünge des früheren Zollhauses, das sozusagen der letzte Außenposten Bayerns vor Preußen war, sollen bereits im 16.Jahrhundert liegen. Die Spezialität des Restaurants sind übrigens fangfrische Forellen in allen Variationen. Daneben wird viel wert auf regionale Produkte gelegt, dem entsprechend ist die Speisekarte, von Wildprodukten und fränkischer Küche mit hessischen Anklängen geprägt. Wer stilvoll inmitten der hohen Rhön speisen will, ist hier richtig und kann bei Bedarf auch das Hotelangebot nutzen.

Anfahrt / Wandermöglichkeiten: Das Waldhotel erreicht man über die Bundesstraße 278 zwischen Bischofsheim und Ehrenberg - Wüstensachsen kurz vor der Landesgrenze zwischen Hessen und Bayern. Parkplätze sind gegenüber des Hotels entlang der Bundesstraße ausreichend vorhanden. Ein markierter Wanderweg führt in westlicher Richtung zum örtlichen Rundwanderweg 2, der rund um den Kesselstein (799m ÜNN) führt und über den auch der Hochrhöner in knapp 1 km erreicht wird.

Nr. / Geodaten:	(33) / 50° 26' 16.83" N - 9° 58' 43.46" E
Öffnungszeiten:	täglich ab 10 Uhr

Das Rhön Park Hotel unterhalb der Rother Kuppe im Norden der Bayerischen Rhön bei Fladungen ist das mit Abstand größte und bekannteste Wellness- und Familienhotel im Bereich der Rhön. In 315 Appartements und Zimmern können sich Gäste auf 4-Sterne Niveau verwöhnen lassen. Erbaut wurde die großzügige und beliebte Ferienanlage im Jahre 1975 und wurde seitdem immer wieder erweitert. Es gibt mehrere Restaurants, den großen Wellnessbereich mit Erlebnisbad und sogar eine eigene Diskothek für Hotelgäste. Die Preise liegen ab 60 pro Person, wobei es natürlich für Familien und längere Aufenthalte Sonderkonditionen gibt. Wer einen Urlaub in der Rhön plant, ist im Rhön Park Hotel sehr gut aufgehoben. Das Hotel zeichnet sich durch gehobenen Komfort und die direkte Nähe zu vielen reizvollen Wander- und Erlebniszielen aus.

Anfahrt / Wandermöglichkeiten: Die Anfahrt erfolgt über die A71 (Ausfahrt Mellrichstadt) und die B 285 nach Nordheim v.d.Rhön. Von hier geht es immer gut ausgeschildert über die beiden Ortschaften Stetten und Roth hinauf zur Hohen Rhön und dem Rhön Park Hotel. Vom Hotel aus führen mehrere örtliche Rundwandwerge einerseits zur nahe gelegenen Rother Kuppe und dem dortigen Wanderheim, aber auch die benachbarte Thüringer Hütte und das Schweinfurter Haus sind gut zu erreichen.

Nr. / Geodaten:	(28) / 50° 28' 46.27" N - 10° 6' 15.60" E
Öffnungszeiten:	täglich

Die Baumbach Hütte des DAV Meiningen in der Thüringischen Vorderrhön ist eine der neueren Hütten im Gebiet. Sie liegt auf gut 460m Höhe sehr nahe der Ortschaft Friedelshausen. Benannt ist die Hütte nach dem 1905 in Meiningen verstorbenen Schriftsteller und Alpenvereinsmitglied Rudolf Baumbach. Die Hütte mit Giebeldach wird durch die emsigen Mitglieder des DAV betrieben, die hier ihr reges Vereinsleben gestalten So werden regelmäßig Sternwanderungen und andere Veranstaltungen durchgeführt, Termine sind auf der Homepage einsehbar. Neben einem Gastraum bietet die Hütte auch die Möglichkeit zur Übernachtung für Gruppen nach Voranmeldung. Zudem gibt es auf dem eingezäunten Areal einen Zeltplatz und einen geräumigen Kinderspielplatz. Das Grundstück ist aber nur bei Bewirtschaftung oder nach vorheriger Anmietung zugänglich.

Anfahrt / Wandermöglichkeiten: Friedelshausen ist in der Thüringischen Rhön zwischen Wasungen und Kaltennordheim gelegen. Von Kaltennordheim aus liegt die Hütte ca. 200m vor dem Ortseingang von Friedelshausen linker Hand. Das Wanderheim liegt direkt an der Extratour Vorderrhönweg, *Markierung „rotes V",* die auch hier begonnen werden kann. Die insgesamt 18 km lange Runde führt über sanfte Anstiege auch zu den beiden benachbarten Schutzhäusern Turmuhrenklause Amönenhof (bewirtschaftet) und der Hümpfershäuser Hütte (gelegentlich an Sonntagen bewirtet).

Nr. / Geodaten:	(15) / 50° 39' 13.99" N - 10° 14' 13.22" E

Salzunger Hütte (S. 125)

Rhönklubhütte Simmershausen (S. 126)

Hüttenführer Rhön

Die Salzunger Hütte ist ein kleines Kuriosum unter den Wanderheimen der Rhönklubvereine, da sie geografisch gar nicht in der Rhön liegt. In der Kreisstadt Bad Salzungen bietet der Flusslauf der Werra die natürliche Grenze des Mittelgebirges. Die Hütte befindet sich am nördlich von Bad Salzungen gelegenen Frankenstein. Früher betrieb der große Rhönklubverein aus der Kurstadt die Pleßhütte und erbaute 1923 den ersten Pleßturm, beide werden heute durch den Breitunger Zweigverein betreut. Nun hat man seit 1995 eine neue Heimstätte. Gut 100 m über dem Werratal hat man hier einen schönen Ausblick auf die Kurstadt und kann die künstliche Ruine Frankenstein besichtigen. Das eineinhalbgeschossige einfache Steinhaus ist eine Selbstversorgerhütte mit insgesamt 16 Übernachtungsplätzen und einem Gastraum für knapp 60 Personen. Gelegentlich wird sie bewirtschaftet und ansonsten für Vereinsfeierlichkeiten genutzt wird. Zur Einkehr lädt auch das in unmittelbarer Nachbarschaft gelegene Panoramahotel und Restaurant Frankenstein ein.

Anfahrt / Wandermöglichkeiten: Zu erreichen ist die Salzunger Hütte über den Bad Salzunger Stadtteil Kloster. Aus Richtung Barchfeld kommend verlässt man die B62 an der Kreuzung am Ortseingang (Tankstelle) geradeaus Richtung Zentrum um dann nach ca. 500m rechts über die Werrabrücke nach Kloster abzubiegen. Anschließend fährt man durch den Ortsteil hindurch Richtung Gemeinde Moorgrund und ungefähr 500m hinter dem Ortsausgang, nach dem man eine Anhöhe erreicht hat, führt eine Teerstraße rechts abbiegend zur Kunstruine Frankenstein. Nun weiter der Ausschilderung Panoramahotel folgen. Die Hütte liegt, in der Nachbarschaft von zwei Wochenendhäusern direkt westlich neben der Ruine.

Nr. / Geodaten:	(4) / 50° 48' 59.79" N - 10° 15' 49.82" E

Hüttenführer Rhön

Rhönklubhütte Simmershausen

In der Hessischen Rhön nahe Hilders liegt der idyllische Ort Simmershausen. 1970 wurde der dortige Rhönklub Zweigverein gegründet. Am Weiher Seekutte unterhalb des Buchschirmberges fanden die Mitglieder eine geeignete Stelle für ihr Schutzhaus. Die schlichte Holzhütte, konnte dann nach kurzer Bauzeit bereits 1974 eingeweiht werden. Seitdem wird traditionell das Hüttenfest zu Fronleichnam gefeiert. Neben der Hütte gibt es noch einen großen Grillplatz und auch genügend Rastbänke für ein Picknick in schöner Umgebung. Auch die Kleinen kommen dank des Spielplatzes mit Klettergerüst nicht zu kurz.

Anfahrt / Wandermöglichkeiten: Die Hütte, welche knapp 2 km südlich der Ortslage gelegen ist, ist nicht direkt per PKW zu erreichen. Über den Wanderweg „Extratour der Hilderser", *Markierung „rotes H"* erreicht man das Schutzhaus am besten. Dazu vom Wanderparkplatz „Köpfchen" auf halber Strecke zwischen Hilders, Anfahrt über die B278, und Simmershausen, gute 1,5 km in östliche Richtung wandern. Folgt man von diesem Parkplatz der Extratour Richtung Westen, kommt man zur sehenswerten Burgruine Auersburg und kann eine lohnenswerte Rundtour von 11,3 km Länge über Hilders und den Battenstein erwandern.

Nr. / Geodaten:	**(61)** / 50° 34' 50.94" N - 10° 1' 56.93" E

Hüttenführer Rhön

Ski Hütte des Ski Clubs Rhön Fulda

Die Ski Hütte am Simmelsberg bei Gersfeld ist wie seine Nachbarn Frankfurter Hütte und Hanauer Haus nicht öffentlich bewirtschaftet. Es handelt sich um das Vereinsheim des Ski Clubs Fulda, dessen Mitglieder in der eineinhalbgeschossigen Hütte neben einem großzügigen Aufenthaltsraum immerhin Übernachtungsmöglichkeiten für bis zu 36 Personen finden. Die Hütte kann jedoch auch von Nichtmitgliedern zur Nutzung unter der Woche angemietet werden (weitere Infos siehe Internet). Im Winter betreibt der traditionsreiche Ski Club seinen eigenen Skilift, der erst 2008 erneuert wurde. Das Schutzhaus wurde 1955 erbaut und seitdem mehrfach renoviert, so dass man im Sommer 2011 das 100-jährige Bestehen des Vereins auf der Hütte feierte.

Anfahrt / Wandermöglichkeiten: Zu erreichen ist Ski Hütte über die B279 von Gersfeld nach Bischofsheim. Auf der Passhöhe befindet sich der Parkplatz „Schwedenschanze" von dem ein knapp 2 km langer Weg zum Vereinsheim führt. Vom Wanderparkplatz aus erreicht man das Schutzhaus über den örtlichen Rundwanderweg 2, der auch zum nahe gelegenen Simmelsberg (843m) führt.

Nr. / Geodaten:	**(49)** / 50° 25' 45.51" N - 9° 56' 19.64" E

Wanderhütte am Steinküppel

Der Ort Schmalnau ist im Südwesten der Hessischen Rhön an der B279 zwischen Eichenzell und Gersfeld gelegen und gehört zur Gemeinde Ebersburg. Der ortseigene Rhönklub wurde im Jahre 1969 gegründet und plante schon bald den Bau einer eigenen Hütte auf dem Steinküppel. Die eingeschossige Holzhütte am Steinküppel wurde im Jahre 1976 errichtet. Seitdem wurden wiederholt Instandsetzung- und Erweiterungsmaßnahmen getätigt. Die Hütte hat neben einem zugänglichen überdachten Vorbau gut 50 Plätze im Innenraum und hat einen schönen Picknickplatz mit mehreren Ruhebänken zu bieten.

Anfahrt: Zu erreichen ist die Wanderhütte am Steinküppel in dem man von der B279 in die südlich gelegene Ortsmitte fährt und dann nach ca. 300 m die Hauptstraße über die rechts abbiegende Raiffeisenstraße verlässt und dem Straßenverlauf in Richtung Sportplatz folgt. Vom dortigen Parkplatz sind es noch 50 m zu Fuß zum Gipfel und zur Hütte.

Nr. / Geodaten:	**(48)** / 50° 26' 42.85" N - 9° 47' 18.20" E

Hüttenführer Rhön

Rhönklubhütte Thaiden

Die Schutzhütte des Rhönklubzweigvereins Thaiden ist vielleicht die kleinste und gehört zu den am wenigsten bekannten Schutzhütten des gesamten Führers. Die 1978 errichtete Schutzhütte des Rhönklub Thaiden liegt oberhalb des Ulstertals auf gut 660m Höhe. Von dort hat man einen schönen Ausblick über das Flusstal und weite Teile der Hessischen Rhön. Samt dem idyllischen Picknickplatz liegt sie am Waldrand des Billsteins noch unterhalb des großen Basaltsteinbruches, in dem seit 1923 Basalt abgebaut wird. Die Hütte bietet einen kleinen Gastraum und auch ein überdachtes Vordach.

Anfahrt / Wandermöglichkeiten: Von Hilders kommend bis ans Ortsende von Thaiden fahren und dann nach links in Richtung des Basaltwerkes abbiegen, an der nächsten Kreuzung dann jedoch das Basaltwerk rechts liegen lassen und weiter bergauf der schmalen Teerstraße folgen. Diese schlängelt sich in vier großen Serpentinen zur Hütte hinauf. Der Besuch der Hütte lässt sich sehr schön mit einer Rundwanderung zur knapp 2km entfernten RK-Hütte Batten verbinden, von wo aus man auch über den HWO3 bequem zum Thüringer Rhönhaus wandern kann (einfache Strecke 5km).

Nr. / Geodaten:	**(59)** / 50° 32' 14.97" N - 10° 1' 51.73" E

Hüttenführer Rhön

Der im Südwesten der hessischen Rhön gelegene Rhönklubverein Thalau hat bereits seit 1973 eine vereinseigene Wanderhütte, die am Hang des Hausbergers Hohe Kammer (700 m üNN) errichtet wurde. Die Wacholderhütte selber liegt auf knapp 500 m Höhe nahe der bayerischen Landesgrenze und ist ein gemütlicher eingeschossige Holzbau. In ihrer knapp 40-jährigen Geschichte wurde sie immer wieder erweitert, zuletzt mit einer modernen Toilettenanlage. Sie wird nicht regelmäßig bewirtschaftet ist aber Ausgangs- und Treffpunkt für viele Wanderungen und Feste.

Anfahrt / Wandermöglichkeiten: Thalau ist an der B279 zwischen Eichenzell und Gersfeld gelegen. Um die Schutzhütte zu erreichen, fährt man zunächst Richtung Ortsmitte und folgt dann weiter der Kreisstraße Richtung Oberstellberg. Nach ca. 3 km erreicht man den kleinen Weiler Mittelstellberg, diesen lässt man jedoch linker Hand liegen und fährt am Ortsende rechts abzweigend eine Teerstraße knappe 500 m zur Wacholderhütte. Von dort aus bietet sich eine ausgeschilderte Rundwanderung, ca. 5 km, zum Jagdhaus Hohe Kammer entlang des Truppenübungsplatzes an.

Nr. / Geodaten:	**(47)** / 50° 25' 46.95" N - 9° 47' 30.99" E

Wildfleckener Rhönklubhütte am Auersberg

Am Hang des 810 m hohen Großen Auersberges liegt in der Nähe des ehemaligen Bergbauwerkes "Grube Marie" die Rhönklubhütte des Zweigvereins Wildflecken. Die mit schwarzen Schindeln verzierte Hütte war früher das Zechenhaus der Grube. Vom Ende des 19.Jahrhunderts bis 1970 wurde hier das Mineral Schwerspat abgebaut. Nach Ende des Bergbaus wurde das Haus renoviert und als Schutzhaus genutzt. Weitere Umbaumaßnahmen erfolgten in den 90er Jahren mit dem Anbau eines Vorbaus, Erneuerung der Toilettenanlagen und Vergrößerung der Küche. Zu dieser Zeit konnten die Wildfleckener Rhönklubmitglieder die Hütte auch erwerben und sind seitdem Eigentümer. Seit dem Jahr 2000 können Besucher Teile des ehemaligen Stollens besichtigen. Geräte und Anschauungsobjekte machen deutlich, wie hier gearbeitet wurde. Die Rhönklubhütte, mit ihren knapp 80 Sitzplätzen, ist zwar nicht regelmäßig bewirtschaftet, wird aber zu Vereinsfeiern und auf Anfrage auch für Wandergruppen geöffnet.

Anfahrt / Wandermöglichkeiten: Die Wildfleckener Hütte ist am besten über den Ortsteil Oberbach zu erreichen, der direkt an der Kreisstraße von Bad Brückenau nach Wildflecken gelegen ist. Hier befindet sich auch das Informationszentrum „Haus der Schwarzen Berge". Über den örtlichen Rundwanderweg 1 erreicht man die Hütte nach knapp 3 km.

Nr. / Geodaten:	(41) / 50° 21' 47.90" N - 9° 52' 45.42" E

Den wohl besten Ausblick über das fränkische Saaletal und südliche Rhön hat man etwas südlich der Kur- und Kreisstadt Bad Kissingen. Der knapp 400m hohe Steinberg überragt hier das Saaletal und bietet aufgrund seines Aussichtsturmes einen beeindruckenden Panoramablick. Erbaut wurde der 33m hohe Steinturm zu Beginn des 20. Jahrhunderts, als Baumaterial diente Muschelkalk. Seinen Namen erhielt der Turm zu Ehren des bayerischen Königshauses, der Wittelsbacher. Der Turm ist seit über 100 Jahren fast durchgängig begehbar, die letzte Renovierung datiert aus den 70er Jahren. Auf der Spitze der Kuppel ziert ein Löwe das sehenswerte Bauwerk. Unterhalb des Turmes befindet sich seit 1930 zudem eine Ausflugsgaststätte. Die heutige Eigentümerin Barbara Apfelbacher hat dann Anfang dieses Jahrhunderts neben umfangreichen Renovierungsarbeiten auch einen 500 Quadratmeter großen Anbau errichtet, in dem eine moderne Familienbrauerei untergebracht ist. Die beliebte Ausflugsgaststätte bietet traditionelle, deftige fränkische Küche und natürlich das selbstgebraute Bier. Das alles in großen Portionen zu sehr fairen Preisen. Am schönsten ist es im Sommer im großen Biergarten.

Anfahrt / Wandermöglichkeiten: Die Anfahrt per PKW erfolgt über die B286 von Bad Kissingen kommend in Richtung Schweinfurt. Nach 3 km erreicht man den Stadtteil Arnshausen, von dem aus, der Beschilderung folgend, eine Straße über knapp 1,5 km zum Turm führt. Der Turm kann über mehrere örtliche Wanderwege erreicht werden. Eine lohnenswerte Tour ist der fränkische Marienweg vom Stadtzentrum, ca. 4km. Etwas oberhalb von Arnshausen verlässt man diesen rechter Hand der Beschilderung folgend zum Turm.

Nr. / Geodaten:	(46) / 50° 9' 30.33" N - 10° 4' 41.66" E
Öffnungszeiten:	täglich ab 10 Uhr

Hüttenführer Rhön

Hüttenführer Rhön

Quellen

Bücher / Zeitschriften:

Mitteilung der DAV Sektion Fulda 60.Jg, 02/2011,
Festschrift zum 125-jährigen Jubiläum der Sektion Fulda
und zum 55-jährigen Bestehen der Enzianhütte
Schneiders Rhönführer, 26. Auflage 2008, Parzellers
Buchverlag Fulda
Wanderwege durch die Rhön, Günter Rinke, 2005, Michael
Imhof Verlag Petersberg

Diverse Zeitungsartikel folgender Zeitungen:
Mainpost, Fuldaer Zeitung, Südthüringer Zeitung

*Neben den Internetseiten der Hütten und Berggasthöfe
fanden sich auf folgenden Internetseiten zahlreiche
Informationen die in das Buch eingeflossen sind:*
Google earth, geisaer-wald.de, hessen-nabu.de,
huempfershausen.de, rhoenklub-schweinfurt.de,
rheonclub.de

Besonderer Dank gilt Elisabeth Heuchert für zahlreiche
Tipps und das Lektorat

Register

Hüttenführer Rhön

Hüttenführer Rhön

Hüttenführer Rhön

Karte ist nicht maßstabsgerecht und aus Platzgründen leicht in der Länge verzerrt, ausgefüllte Kästchen = mit Übernachtung, halbgefüllte Kästchen = regelmäßig geöffnet, nur Rahmen = nicht regelmäßig bewirtschaftete Hütten

Hüttenführer Rhön

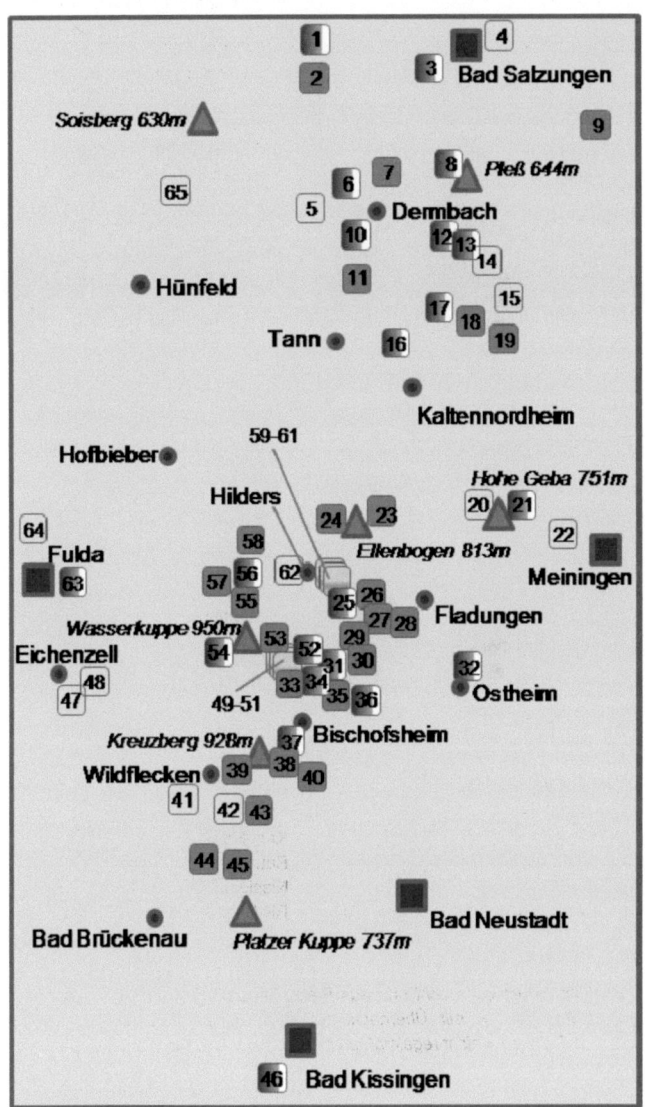

Hüttenführer Rhön

Hüttenführer Rhön